J.D. PONCE SUR
KRISHNA DVAIPAYANA

UNE ANALYSE ACADÉMIQUE DE LA
BHAGAVAD-GÎTÂ

© 2024 par J.D. Ponce

INDICE

CONSIDÉRATIONS PRÉLIMINAIRES --5

Chapitre I : SYMBOLISME DES PERSONNAGES DE LA GÎTÂ--------------6

Chapitre II : THÈMES, CONTEXTE ET IMPACT – VYÂSA ET LA GÎTÂ---24

Chapitre III : LA VISION DE VYÂSA SUR LA NATURE DU SOI-------------35

Chapitre IV : ACTION ET INACTION--43

Chapitre V : LA LOI DE CAUSE ET EFFET ---------------------------------50

Chapitre VI : LA DÉVOTION COMME CHEMIN VERS LE DIVIN ----------60

Chapitre VII : DÉTACHEMENT ET LA CROISSANCE SPIRITUELLE------67

Chapitre VIII : LA DISCIPLINE DE L'ESPRIT ET DU CORPS----------------73

Chapitre IX : LA NATURE DU DIVIN--83

Chapitre X : LA MAÎTRISE DE SOI ---89

Chapitre XI : LA SOUFFRANCE ---93

Chapitre XII : L'IMPORTANCE DU SERVICE----------------------------------101

Chapitre XIII : LA NATURE DE LA LIBERATION-----------------------------106

Chapitre XIV : DEVOIR ET DROITURE ---------------------------------------116

Chapitre XV : RÉALITÉ ET PERCEPTION -----------------------------------121

Chapitre XVI : LA QUETE DE LA CONNAISSANCE-------------------------127

Chapitre XVII : LE RÔLE DU GURU ---134

Chapitre XVIII : RENONCIATION---138

Chapitre XIX : LA TRANSCENDANCE DE LA FOI---------------------------146

Chapitre XX : LA GRÂCE DIVINE --152

Chapitre XXI : LA NON-VIOLENCE COMME PRINCIPE-------------------158

Chapitre XXII : ILLUMINATION ET CONSCIENCE---------------------------165

Chapitre XXIII : MÉDITATION--171

Chapitre XXIV : CONNAISSANCE DE SOI ET SAGESSE---------------176

Chapitre XXV : LA DEVOTION EN ACTION---------------------------187

Chapitre XXVI : LA PRÉSENCE DE DIEU ---------------------------195

Chapitre XXVII : L'ESPRIT--203

Chapitre XXVIII : SERVICE AU DIVIN -----------------------------212

Chapitre XXIX : 50 CITATIONS CLÉS DE VYÂSA -----------------222

CONSIDÉRATIONS PRÉLIMINAIRES

La Bhagavad-Gîtâ, souvent appelée la Gîtâ, est un texte sacré hindou qui fait partie de l'épopée indienne du Mahabharata, plus précisément du Bhishma Parva. Le texte, attribué à « Veda Vyâsa » (celui qui a classé les Védas), est présenté comme une conversation entre le prince Arjuna et le divin cocher, le Seigneur Krishna, qui lui sert de cocher. Cette structure permet un échange dynamique de concepts philosophiques et éthiques, ce qui en fait une lecture captivante. Le cadre central de la Bhagavad-Gîtâ se déroule sur le champ de bataille de Kurukshetra, où Arjuna est confronté à un dilemme moral concernant son devoir de s'engager dans la guerre contre ses propres proches et ses maîtres vénérés. En tant que tel, le contexte géographique et situationnel joue un rôle crucial dans la compréhension du contexte des enseignements exposés par le Seigneur Krishna.

Le texte est divisé en 18 chapitres, chacun abordant différents aspects de la vie, du devoir, de la droiture et de la nature de l'existence, offrant un aperçu complet des complexités de l'existence humaine. La progression des chapitres reflète les étapes de développement du trouble intérieur d'Arjuna et de son évolution philosophique, culminant finalement avec la révélation de la vérité suprême par le Seigneur Krishna. De plus, les styles variés d'expression littéraire de la Bhagavad-Gîtâ contribuent à sa richesse structurelle, intégrant harmonieusement récit, dialogue et poésie sublime. Sa structure permet une exploration multidimensionnelle des dilemmes éthiques, de la contemplation spirituelle et de la poursuite ultime de l'illumination. Grâce à cette organisation cohérente, le texte présente un cadre holistique permettant aux individus de contempler les innombrables complexités de la vie et de chercher une résolution au milieu des défis moraux et existentiels.

Chapitre I
SYMBOLISME DES PERSONNAGES DE LA GÎTÂ

Les personnages de la Bhagavad-Gîtâ forment collectivement un kaléidoscope de réflexions éthiques, philosophiques et théologiques qui reflètent la quête perpétuelle de sens, de droiture et de transcendance. Leurs interactions servent de dépositaire de sagesse, nous invitant à réfléchir aux implications de nos décisions et de nos actions.

La Bhagavad-Gîtâ propose une exploration nuancée des principes moraux et éthiques, en explorant la nature du devoir, de la vertu et de l'équilibre cosmique. Cette synthèse des idées des personnages offre une mosaïque de perspectives sur le but de la vie, les défis de la prise de décision et la quête ultime de l'illumination spirituelle. Les dialogues entre Krishna et Arjuna, qui se déroulent dans le contexte d'une guerre imminente, servent de microcosme des luttes éternelles auxquelles l'humanité est confrontée.

Les enseignements de Krishna sur l'action désintéressée, la dévotion et l'interdépendance de tous les êtres résonnent profondément avec les préoccupations existentielles des individus à travers les siècles. La fusion des personnages reflète les dimensions multiformes de l'expérience humaine et souligne la pertinence éternelle des enseignements de la Bhagavad-Gîtâ dans l'expérience de l'existence.

De plus, les interactions entre les figures divines telles que Brahma, Shiva, Vishnu et Indra offrent une perspective transcendante sur la dynamique cosmique et l'interaction entre la création, la préservation et la dissolution. Leurs rôles dans le déroulement des événements soulignent le réseau du destin et du libre arbitre, soulignant la nature paradoxale de l'action humaine dans le cadre plus large de l'ordre cosmique.

À travers les exploits et les dilemmes de personnages mortels comme le roi Dhritarashtra, Drona, Duryodhana et Yudhishthira, la Gîtâ nous livre des leçons essentielles sur la gouvernance, le leadership et les conséquences de l'orgueil et de la droiture. La juxtaposition de leurs actions souligne les binaires moraux auxquels sont confrontés les individus lorsqu'ils font face aux choix et aux responsabilités de leur vie.

Arjuna - L'incarnation du dilemme humain :

Arjuna, le personnage central de la Bhagavad-Gîtâ, incarne les dilemmes existentiels auxquels les individus sont confrontés. Son personnage est un microcosme de l'expérience humaine universelle : une convergence d'émotions conflictuelles, de dilemmes éthiques et de troubles spirituels.

Au début de l'épopée, Arjuna est confronté à la tâche ardue de s'engager dans une bataille catastrophique contre sa propre famille, ses professeurs vénérés et ses amis bien-aimés. Cette situation difficile résume la lutte séculaire entre le devoir et la moralité, la loyauté et la droiture, et les désirs personnels contre les obligations sociales.

Le conflit intérieur d'Arjuna reflète les tensions éternelles inhérentes à la nature humaine, aux prises avec les complexités de la prise de décision face à l'adversité. Son trouble évoque l'empathie, incitant à l'introspection dans les dilemmes moraux et les dilemmes éthiques. À travers son angoisse, la Bhagavad-Gîtâ propose une exploration des luttes psychologiques et émotionnelles qui sous-tendent la condition humaine.

De plus, les pensées et les questions d'Arjuna font écho aux interrogations concernant la nature de l'existence, le but et la structure sous-jacente de la réalité. Alors qu'il dialogue avec le Seigneur Krishna, le conducteur du char et guide divin, les questions d'Arjuna expriment les incertitudes et les peurs qui envahissent la psyché humaine. Ces échanges éclairent l'interaction entre la foi, la connaissance et le doute, présentant une tapisserie d'introspection philosophique qui transcende les frontières temporelles et culturelles.

De plus, la transformation d'Arjuna à travers la Gîtâ reflète le voyage universel de la découverte de soi et de l'illumination. Son évolution du découragement à la détermination, de la confusion à la clarté, englobe le voyage archétypal des individus en quête de compréhension et de résolution au milieu des tribulations de la vie.

Krishna - Le guide et enseignant divin :

Dans la Bhagavad-Gîtâ, le Seigneur Krishna apparaît comme le guide et l'enseignant divin par excellence, transmettant sagesse et conseils à Arjuna au milieu du champ de bataille de Kurukshetra. En tant que huitième avatar du Seigneur Vishnu, Krishna incarne l'équilibre parfait entre la divinité et l'humanité, servant de phare de lumière et de sagesse à tous les chercheurs de vérité et de droiture.

Les enseignements de Krishna dans la Gîtâ transcendent les frontières du temps et de l'espace, trouvant un écho auprès des lecteurs de toutes les générations et de toutes les cultures. Son discours sur le devoir (dharma), la droiture et la nature du soi plonge dans les profondeurs de l'existence humaine, offrant des aperçus sur le but de la vie et le chemin vers l'illumination spirituelle.

Le charme énigmatique du personnage de Krishna réside dans sa capacité à mêler harmonieusement les concepts philosophiques à la sagesse pratique, abordant efficacement les troubles intérieurs d'Arjuna tout en fournissant des leçons inestimables qui sont pertinentes pour le cheminement de vie de chaque individu. Ses enseignements remettent en question les normes sociales et les croyances conventionnelles, exhortant les individus à s'élever au-dessus des désirs et des attachements transitoires et à adopter une compréhension supérieure de soi et du cosmos.

De plus, le rôle de Krishna en tant que conducteur de char d'Arjuna symbolise sa présence discrète mais omnipotente pour guider l'humanité à travers les complexités de la vie. Sa forme divine et sa sagesse transcendantale offrent un aperçu de la réalité cosmique infinie, inspirant les chercheurs à reconnaître leur divinité innée et à aligner leurs actions sur l'ordre universel.

Bhima - Symbole de force et de loyauté :

Bhima apparaît comme une figure imposante, vénérée pour sa force incomparable, sa loyauté inébranlable et son courage sans bornes. En tant que deuxième fils de Kunti et de Vayu, le dieu du vent, les prouesses physiques de Bhima n'ont d'égal que son dévouement inébranlable à la droiture et à la justice. Son caractère sert de symbole de force physique et morale, incarnant la quintessence des nobles vertus face à l'adversité.

Dès son plus jeune âge, la puissance exceptionnelle de Bhima était évidente, ce qui lui valut souvent des comparaisons avec son père céleste, Vayu. Sa stature imposante et sa puissance indomptable suscitaient à la fois crainte et crainte, faisant de lui une présence redoutable sur le champ de bataille. Cependant, ce n'est pas seulement sa puissance physique qui distingue Bhima ; c'est son engagement inébranlable à défendre le dharma, ou la droiture, qui le distingue véritablement comme un modèle de vertu.

Bhima fait preuve d'une loyauté indéfectible envers sa famille, en particulier envers son frère aîné Yudhishthira et leur cause commune : établir la justice et reconquérir leur royaume légitime. Même face à d'innombrables épreuves et tribulations, le dévouement et la fidélité de Bhima restent sans faille, servant d'exemple inspirant de dévouement familial et de détermination dans la poursuite de la vérité et de l'honneur.

Sa relation avec Draupadi, l'épouse commune des Pandavas, éclaire encore davantage la personnalité multiforme de Bhima. Malgré la complexité de leur mariage, la dévotion de Bhima envers Draupadi se caractérise par une férocité protectrice et un soutien indéfectible, reflétant non seulement sa bravoure mais aussi son profond sens des responsabilités et de l'empathie.

La force et la loyauté de Bhima sont étroitement liées à son sens inné de la justice, ce qui le pousse à affronter les dilemmes moraux et à faire face aux conflits de loyauté avec une intégrité résolue. Cette lutte intérieure, ancrée dans son caractère, souligne l'interaction complexe entre la puissance physique et la force morale, offrant une exploration convaincante de la nature humaine et des complexités éthiques.

Bhishma - Le parangon du devoir et de l'honneur :

Bhishma, également connu sous le nom de Devavrata, est un exemple de dévouement inébranlable au devoir et d'engagement inébranlable envers l'honneur dans l'épopée du Mahabharata. Réputé pour sa bravoure exceptionnelle, sa sagesse et sa loyauté inébranlable, Bhishma incarne la quintessence de la droiture au milieu d'une époque tumultueuse en proie à des dilemmes moraux et à des discordes familiales.

La détermination sans pareille de Bhishma découle de son engagement solennel à défendre le trône de son père, le roi

Shantanu, ce qui l'a conduit à renoncer à son droit à la royauté et à jurer un célibat à vie, gagnant ainsi l'épithète de « Bhishma » ou « le terrible serment ». Son vœu résume l'importance primordiale qu'il accorde à l'intégrité, à l'altruisme et à la dévotion filiale, posant les bases de son caractère indomptable.

Tout au long de la saga du Mahabharata, Bhishma sert de bastion infaillible de vertu, prodiguant des conseils avisés tout en incarnant les idéaux de chevalerie, de noblesse et de noblesse oblige. Son adhésion inébranlable à une conduite éthique et à une moralité inattaquable l'élève au rang de parangon de droiture au milieu du contexte tumultueux des querelles familiales, des dilemmes de principe et des exigences de la guerre.

Un épisode clé qui résume l'engagement de Bhishma pour l'honneur est son rôle central dans la grande guerre de Kurukshetra. Bien qu'il ait de l'affection pour les Kauravas et les Pandavas, Bhishma respecte résolument son serment solennel d'allégeance à Hastinapura, refusant de déroger à son dharma même face à l'angoisse personnelle et aux dilemmes éthiques. Ce faisant, Bhishma personnifie le conflit intérieur déchirant qui surgit lorsque la conscience individuelle entre en conflit avec le devoir, mettant résolument en lumière la force morale et les sacrifices qu'implique le maintien de ses principes.

Brahma - L'influence du Créateur dans la Gîtâ :

Dans la Bhagavad-Gîtâ, la présence et l'influence de Brahma, la divinité créatrice de l'hindouisme, imprègnent le récit, offrant des perspectives philosophiques et des implications théologiques. En tant que source ultime de la création et architecte de l'univers, Brahma représente la force métaphysique qui sous-tend l'ordre cosmique tout entier.

Dans toute la Gîtâ, les références à Brahma rappellent la nature cyclique de l'existence et l'interdépendance de toutes les formes de vie. Le concept de création, de préservation et de destruction incarné par Brahma, Vishnu et Shiva reflète le rythme éternel de la naissance, de la vie et de la mort vécu par tous les êtres. Cette nature cyclique de l'existence est essentielle pour comprendre l'impermanence du monde matériel, ainsi que la nature éternelle de l'âme.

De plus, les enseignements du Seigneur Krishna à Arjuna reflètent souvent les principes fondamentaux énoncés par Brahma. L'idée de dharma, ou droiture, et le concept d'accomplissement de ses devoirs sans attachement aux fruits de ses actions sont intrinsèquement liés à l'ordre cosmique établi par Brahma. En adhérant à ces principes, les individus s'alignent sur la nature essentielle de l'univers, atteignant ainsi l'harmonie spirituelle et remplissant les rôles qui leur sont assignés dans le grand schéma de la création.

Les diverses manifestations de Brahma sous la forme de la création se reflètent métaphoriquement dans les personnages et les circonstances aux multiples facettes décrits dans la Gîtâ. Le parcours et les dilemmes éthiques de chaque personnage symbolisent différents aspects du processus créatif, illustrant les complexités inhérentes à l'acte de manifestation. En examinant ces personnages et leurs luttes, nous acquérons un aperçu de la nature multiforme de la création et des choix moraux qui façonnent les destinées individuelles.

Roi Dhritarashtra – Cécité, déni et pouvoir :

Le roi Dhritarashtra, fils aîné du roi Vichitravirya et de la reine Ambika, est un personnage complexe et intrigant de la Bhagavad-Gîtâ. Son histoire sert d'exploration des thèmes de la cécité, du déni et de l'attrait enivrant du pouvoir. En tant que monarque aveugle de la dynastie Kuru, la cécité physique de Dhritarashtra devient une métaphore évocatrice de sa cécité morale et spirituelle. Cette cécité non seulement entrave sa capacité à percevoir la vérité, mais symbolise également l'ignorance volontaire qui caractérise son leadership et sa prise de décision. Malgré cette limitation, la soif de pouvoir et d'autorité de Dhritarashtra le pousse à faire des choix qui ont des conséquences profondes pour lui-même, sa famille et le royaume d'Hastinapura.

Au cœur du personnage de Dhritarashtra se trouve un cocktail puissant d'orgueil, d'insécurité et d'une soif insatiable de contrôle. Ce mélange toxique le conduit finalement sur le chemin de l'auto-illusion et des choix préjudiciables. Le déni de Dhritarashtra de la justesse de la cause des Pandavas et son soutien inconditionnel à son fils comploteur, le prince Duryodhana, mettent en évidence l'influence destructrice d'une ambition incontrôlée et le potentiel de décadence morale. Malgré les sages conseils de Vidura et d'autres bienfaiteurs, Dhritarashtra reste retranché dans ses illusions, refusant de reconnaître les répercussions de ses actes. Son refus d'affronter la réalité et d'adopter la clarté morale non seulement scelle son propre destin tragique, mais propulse également l'épopée vers son apogée cataclysmique.

Drona - Le mentor dilemme :

Dronacharya apparaît comme un personnage complexe et central, incarnant une multitude de contradictions et de dilemmes moraux. En tant que mentor vénéré des Kauravas et des Pandavas, les actions et les décisions de Dronacharya résonnent avec des subtilités éthiques et des implications philosophiques, ce qui fait de lui un sujet d'analyse convaincant.

La vie de Dronacharya est marquée par la virtuosité, la loyauté et les conflits internes. Fils de Bharadwaja, il a acquis une expertise inégalée dans la guerre et est devenu l'un des plus grands maîtres des arts militaires. Ses prouesses inégalées dans le maniement des armes et les techniques de combat lui ont valu d'être nommé précepteur d'Hastinapur, où il a assumé le rôle de guide et d'instructeur des jeunes princes, dont l'illustre archer Arjuna.

Cependant, l'engagement inébranlable de Dronacharya envers le devoir et l'honneur se trouve empêtré dans la complexité de ses relations et de ses loyautés. Son allégeance à Hastinapur et à ses dirigeants, combinée à son affection pour son élève préféré, Arjuna, génère un réseau d'intérêts conflictuels et de dilemmes moraux. Tout au long du récit, Dronacharya se retrouve déchiré entre ses obligations de gourou, ses attachements personnels et la dynamique politique qui l'entoure.

Le récit de Dronacharya est également ponctué d'ambiguïtés éthiques et de troubles internes. Son rôle central dans la tristement célèbre disqualification d'Ekalavya, un archer tribal exceptionnellement doué, présente une description poignante des conflits entre l'intégrité individuelle et les attentes de la société. De plus, la participation de Dronacharya à la guerre de Kurukshetra, au cours de laquelle il combat aux côtés des Kauravas malgré ses réserves quant à leur conduite, résume l'interaction entre la responsabilité morale, la parenté et l'intégrité professionnelle.

En outre, les difficultés rencontrées par Dronacharya sont pertinentes dans les contextes contemporains, en résonance avec les thèmes du mentorat, du leadership et de la nature de la prise de décision humaine. Son caractère multidimensionnel invite à l'introspection dans les nuances des choix éthiques, les complexités des loyautés et les implications profondes des actions individuelles dans des cadres sociaux et politiques plus vastes.

Prince Duryodhana - L'archétype de l'ambition et de l'excès :

Le prince Duryodhana, l'aîné des Kauravas, incarne l'archétype de l'ambition et de l'excès dans la grande épopée indienne, le Mahabharata. Son personnage représente les aspects les plus sombres de la nature humaine et sert de mise en garde contre les dangers de l'ambition débridée et du désir incontrôlé de pouvoir.

Dès son plus jeune âge, l'ambition de Duryodhana se manifeste dans sa détermination inébranlable à revendiquer le trône d'Hastinapura, malgré les revendications légitimes des Pandavas, ses cousins. Son ambition ne connaît pas de limites et il est prêt à recourir à la tromperie, à la manipulation et à la trahison pour satisfaire ses désirs. Cette soif insatiable de pouvoir met en évidence les conséquences dangereuses d'une ambition incontrôlée, car elle conduit au conflit, à la trahison et, en fin de compte, à la destruction.

L'orgueil excessif et l'arrogance de Duryodhana illustrent encore davantage son archétype. Son refus de reconnaître les revendications légitimes des Pandavas et sa quête incessante de domination reflètent la nature destructrice de l'orgueil excessif. Tout au long du Mahabharata, les actions de Duryodhana sont motivées par une soif insatiable de pouvoir et une réticence à accepter toute forme de compromis ou de conciliation.

En plus de son ambition personnelle et de son orgueil, Duryodhana symbolise également l'influence corruptrice du matérialisme et de la richesse. Sa grandeur et son opulence, alimentées par sa soif insatiable de pouvoir, le conduisent sur le chemin de la dégradation morale et de la faillite spirituelle. Son style de vie somptueux et son indulgence dans le luxe rappellent les pièges du matérialisme excessif et l'érosion des valeurs éthiques.

De plus, l'incapacité de Duryodhana à reconnaître la véritable valeur et l'intégrité des autres amplifie son défaut tragique. Son dédain pour les vertus telles que la droiture, l'honnêteté et l'humilité le rend aveugle à la bonté inhérente à ceux qui l'entourent, l'isolant finalement dans son propre réseau d'ambition et d'excès.

Indra et Janaka - Illustrations de la royauté et de la sainteté :

Dans la Bhagavad-Gîtâ, les personnages d'Indra et de Janaka servent respectivement d'illustrations de la royauté et de la sainteté. Ces deux personnages illustrent le double rôle du pouvoir mondain et de la sagesse spirituelle, mettant en lumière les complexités et les responsabilités qui accompagnent le leadership et l'illumination. En tant que tels, leurs récits deviennent des éléments essentiels pour comprendre les idées morales et philosophiques tissées tout au long de la Gîtâ.

Indra, le roi des dieux dans la mythologie hindoue, symbolise le summum de l'autorité temporelle et de la souveraineté. Sa bravoure, sa force et son règne sur les royaumes célestes représentent l'incarnation du pouvoir royal. Dans la Gîtâ, Indra est une représentation du leadership et de la gouvernance à son état le plus élevé, démontrant la suprématie et le fardeau inhérents au règne sur les domaines mortels et immortels. À travers son personnage, nous sommes confrontés aux défis auxquels sont confrontés ceux qui occupent des postes de grande autorité, offrant une fenêtre sur la dynamique du commandement, de la justice et de la responsabilité.

A l'inverse, Janaka, le célèbre roi de Mithila, incarne l'archétype de la vertu sainte et de l'illumination spirituelle. Au milieu de ses devoirs royaux, l'engagement inébranlable de Janaka envers la droiture et la réalisation de soi brille comme un exemple radieux de l'harmonisation de la responsabilité mondaine et de la sagesse transcendante. Son histoire sert de témoignage du potentiel d'éveil spirituel et d'altruisme même dans le domaine de la gouvernance terrestre. La capacité de Janaka à faire face au monde matériel tout en défendant les valeurs spirituelles transmet des enseignements inestimables sur l'intégration de la moralité et de la divinité dans la poursuite d'un véritable épanouissement et de l'harmonie sociale.

En considérant la juxtaposition d'Indra et de Janaka, les lecteurs sont invités à contempler l'interaction entre le pouvoir temporel et la direction spirituelle. Les chemins distincts mais interconnectés de ces personnages dévoilent la tapisserie de l'existence humaine, où l'autorité séculière s'entremêle avec la perspicacité sacrée. À travers leurs histoires, la Bhagavad-Gîtâ non seulement transmet des leçons sur la nature du leadership et de la droiture, mais éclaire également le potentiel des individus à incarner simultanément l'excellence séculière et spirituelle. En tant que tels, les récits d'Indra et de Janaka sont d'une pertinence significative pour les explorations contemporaines de la gouvernance, de l'éthique et de la quête de la transcendance intérieure. Leurs récits servent de phares d'inspiration, nous poussant à rechercher des approches holistiques de la vie qui honorent à la fois les responsabilités mondaines et les vérités éternelles.

Les Kauravas – Manifestation du conflit :

Dans tout le Mahabharata, les personnages connus sous le nom de Kauravas incarnent le conflit et ses multiples manifestations. Dirigés par l'ambitieux et envieux Duryodhana, les Kauravas illustrent l'obscurité qui réside dans la psyché humaine, symbolisant ainsi la lutte inhérente entre la droiture et la malveillance. Les frères ne sont pas simplement un groupe d'individus, mais plutôt une force collective représentant les différentes dimensions de la discorde qui affligent le monde.

Duryodhana, poussé par son ambition inébranlable et son désir insatiable de pouvoir, devient le principal architecte des tensions croissantes qui mènent finalement à la guerre cataclysmique de Kurukshetra. Ses actions et ses décisions sont chargées d'égoïsme et de tromperie, rappelant brutalement le potentiel destructeur de l'ego et de la cupidité incontrôlés. Alors que Duryodhana se débat avec des sentiments d'inadéquation et de ressentiment envers ses cousins vertueux, les graines de l'inimitié prennent racine et germent progressivement dans un conflit irrépressible.

Les Kauravas, qui représentent collectivement les aspects les plus sombres de l'humanité, ne sont pas dénués de complexité. Chaque membre contribue à sa manière aux troubles qui se déroulent, ajoutant des couches de profondeur au récit global. Leurs idéologies conflictuelles, leurs allégeances malavisées et leurs choix moralement douteux tissent une tapisserie de discorde qui expose la fragilité des principes éthiques face à la tentation et à l'adversité.

En outre, les Kauravas servent de portrait édifiant des conséquences qu'entraîne le fait de succomber à ses instincts les plus bas et d'abandonner le chemin de la droiture. Leur trajectoire est un témoignage édifiant des ramifications profondes d'une tyrannie incontrôlée et de l'érosion de l'intégrité morale. Par leurs actions et leurs croyances, les Kauravas provoquent une introspection sur la nature du conflit, éclairant l'interaction entre les désirs personnels, les attentes de la société et la bataille entre le bien et le mal.

Les Pandavas - Allégorie de la justice :

Les Pandavas sont l'archétype de la droiture et de la justice en ces temps troublés. Dirigés par le noble Yudhishthira, ils incarnent les qualités d'honneur, d'intégrité et de force morale face à l'adversité. L'histoire des Pandavas fait office d'allégorie, en résonance avec les thèmes universels de la conduite éthique, du devoir familial et de la recherche inébranlable de la vérité.

Yudhishthira, l'aîné des frères Pandava, incarne les principes de gouvernance juste et de leadership vertueux. Son engagement indéfectible envers le dharma, ou la droiture, le distingue comme un modèle d'intégrité morale. Malgré de nombreuses épreuves et tribulations, Yudhishthira reste résolu à défendre ses principes, incarnant l'essence de la droiture dans sa forme la plus pure.

Aux côtés de Yudhishthira, ses frères – Bhima, Arjuna, Nakula et Sahadeva – contribuent chacun à leur manière au récit allégorique de la droiture. Bhima incarne la force physique, la loyauté et le courage, tandis qu'Arjuna incarne la bravoure, l'habileté et le dévouement indéfectible au devoir. Nakula et Sahadeva, bien que moins mis en avant, symbolisent la grâce, l'humilité et le soutien indéfectible à leur famille et à leur cause.

Les épreuves et les tribulations auxquelles les Pandavas ont été confrontés sont un miroir de nos propres dilemmes moraux et de nos propres dilemmes éthiques. Leur adhésion inébranlable à la droiture, malgré les innombrables tentations et injustices auxquelles ils sont confrontés, nous incite à réfléchir à l'importance de la rectitude morale dans nos propres vies. En plongeant dans les profondeurs allégoriques du voyage des Pandavas, nous sommes invités à réfléchir aux luttes universelles entre le bien et le mal, le devoir et le désir, et à la quête d'une conduite éthique dans un monde chargé de complexité et d'ambiguïté morale.

Sanjaya - Le narrateur prémonitoire :

Dans la grande épopée du Mahabharata, Sanjaya apparaît comme un personnage central qui fait office de narrateur prémonitoire, fournissant des informations et des commentaires essentiels sur le déroulement des événements de la guerre de Kurukshetra. En tant que cocher et confident du roi Dhritarashtra, Sanjaya possède le don extraordinaire de clairvoyance, qui lui permet d'être témoin de la guerre et de la transmettre au roi aveugle. Son rôle de voyant et de conteur imprègne le récit de profondeur et de perspective, l'infusant de réflexions philosophiques et morales. À travers ses yeux, nous avons accès au fonctionnement interne de l'esprit des personnages, à leurs motivations et aux conséquences de leurs actions, enrichissant ainsi notre compréhension des expériences humaines complexes et des dilemmes éthiques en jeu.

Le récit de Sanjaya dépasse le simple récit narratif ; il devient un véhicule d'éclairage sur la condition humaine, la moralité et les dilemmes éthiques qui continuent de résonner chez les lecteurs à travers les siècles. Nous en venons à reconnaître Sanjaya non seulement comme un canal d'information, mais comme un sage dont la sagesse et le discernement servent à éclairer les enseignements et les leçons contenus dans la Bhagavad-Gîtâ et le Mahabharata. Sa capacité à transmettre les nuances de la saga qui se déroule nous offre une vue panoramique des luttes, des triomphes et des tragédies de la grande guerre, tout en offrant simultanément des conseils spirituels et philosophiques. Au-delà d'être un témoin de l'histoire, Sanjaya incarne l'incarnation de la sagesse, de la compassion et d'une perception aiguë, ce qui fait de lui un guide indispensable pour découvrir le paysage moral labyrinthique décrit dans l'épopée indienne ancienne.

Shiva et Vishnu – Aspects divins et leurs doubles rôles :

Dans la Bhagavad-Gîtâ, les personnages de Shiva et de Vishnu sont des aspects divins essentiels qui incarnent une signification philosophique et théologique. Shiva, la divinité puissante et énigmatique associée à la destruction et au renouveau, représente les forces cosmiques du changement et de la transformation. En revanche, Vishnu, le conservateur et le soutien de l'univers, incarne l'essence de l'ordre, de l'harmonie et de la préservation. Les deux divinités jouent un rôle central dans le panthéon hindou et leurs doubles rôles se croisent dans les enseignements de la Gîtâ.

Shiva, souvent représenté comme un ascète aux cheveux emmêlés et au troisième œil sur le front, personnifie la nature transcendantale et indomptée de l'existence. Sa présence incarne les forces destructrices qui ouvrent la voie à la renaissance et à la régénération, décrivant la nature cyclique de la création et de la destruction. À travers le comportement féroce mais compatissant de Shiva, la Gîtâ transmet l'inévitabilité du changement et l'impermanence des manifestations du monde. Cette représentation de Shiva exhorte les lecteurs à accepter le flux de la vie et à trouver la croissance spirituelle par l'acceptation et l'abandon.

D'autre part, Vishnu, avec son visage serein et son tempérament bienveillant, représente la force stabilisatrice qui maintient l'équilibre dans le cosmos. En tant que gardien du dharma (droiture) et incarnation de l'amour et de la compassion, Vishnu souligne l'importance de maintenir l'ordre moral et la droiture au milieu des turbulences du monde matériel. La Gîtâ intègre parfaitement l'influence bienveillante de Vishnu pour transmettre des principes éthiques, exhortant les individus à agir de manière désintéressée et à honorer les devoirs sacrés inhérents à leurs rôles respectifs.

De plus, l'interaction entre Shiva et Vishnu dans la Gîtâ met en évidence leurs rôles complémentaires au sein du schéma cosmique. Alors que l'aspect destructeur de Shiva sert de catalyseur à la transformation et à l'évolution, la nature conservatrice de Vishnu assure la continuité et la stabilité. Cette dualité harmonieuse encourage les lecteurs à reconnaître la nécessité de la création et de la préservation dans le grand dessein de l'existence, favorisant ainsi une compréhension équilibrée des processus cycliques de la vie.

De plus, Shiva et Vishnu illustrent la notion d'unité dans la diversité, en mettant en lumière l'unité sous-jacente de toute existence malgré la multiplicité apparente des formes. La Gîtâ fait écho à l'essence de cette unité, soulignant que malgré les différences apparentes dans leurs attributs, Shiva et Vishnu convergent finalement en tant que différentes facettes de la même réalité éternelle. Cette unification de leurs rôles doubles fait écho au concept métaphysique plus large de non-dualité (advaita), invitant les lecteurs à transcender les illusions de la séparation et à reconnaître l'unité sous-jacente qui imprègne l'ensemble du cosmos.

Yudhishthira - Justice et intégrité morale :

Yudhishthira, l'aîné des Pandavas, est l'incarnation de la droiture et de l'intégrité morale dans la Bhagavad-Gîtâ. Son engagement indéfectible envers le dharma, ou le devoir, sert de guide tout au long du récit épique, renforçant les thèmes généraux de la justice et de la vertu.

Dès sa jeunesse, Yudhishthira a fait preuve d'une profonde compréhension des principes moraux et d'un dévouement inébranlable à la défense de la justice face à l'adversité. L'épisode du Yaksha Prashna, où les réponses de Yudhishthira à une série de questions énigmatiques ramènent finalement ses frères à la vie, illustre son dévouement inébranlable à la vérité et à la moralité.

Le caractère de Yudhishthira se définit par sa lutte intérieure pour maintenir une conduite éthique au milieu des événements tumultueux du Mahabharata. Son engagement à faire respecter la justice même dans les circonstances les plus difficiles le distingue comme un modèle de rectitude et d'intégrité morales.

Tout au long de l'épopée, Yudhishthira se débat sans cesse avec les complexités de la droiture et les défis posés par les dilemmes éthiques. Son adhésion inébranlable au dharma, même face à l'angoisse personnelle et à l'ambiguïté morale, témoigne de son dévouement inébranlable à la vérité et à la vertu.

De plus, l'introspection poignante de Yudhishthira sur le champ de bataille, en particulier à l'approche de la Grande Guerre, offre un aperçu de la nature du devoir, de l'honneur et de la responsabilité morale. Son dialogue intérieur reflète la profondeur de ses convictions éthiques et les fardeaux du leadership, éclairant les fondements philosophiques de son caractère.

Les interactions de Yudhishthira avec divers personnages de la Bhagavad-Gîtâ mettent en évidence son engagement envers la justice et la conduite éthique. Qu'il s'engage dans des discussions avec Krishna, qu'il consulte ses frères ou qu'il affronte ses adversaires avec sérénité, Yudhishthira défend systématiquement les principes d'équité, de compassion et de rectitude morale.

Chapitre II
THÈMES, CONTEXTE ET IMPACT – VYÂSA ET LA GÎTÂ

Contexte historique et signification de la Bhagavad-Gîtâ :

Le contexte historique de la Bhagavad-Gîtâ est profondément enraciné dans la civilisation indienne ancienne, en particulier pendant la période du Mahabharata, l'une des plus grandes épopées de la mythologie hindoue. La composition de la Gîtâ a eu lieu dans le contexte tumultueux de la guerre de Kurukshetra, un événement crucial de l'histoire de l'Inde. Cette guerre représentait non seulement une bataille physique entre les Pandavas et les Kauravas, mais symbolisait également la lutte éthique, morale et métaphysique qui se trouvait au cœur de l'existence humaine.

Les influences culturelles et religieuses qui prévalaient à cette époque ont joué un rôle important dans la définition des thèmes et des philosophies exposés dans la Gîtâ. Ces influences englobaient les diverses traditions spirituelles et les discours philosophiques qui fleurissaient au sein de la société védique, notamment les concepts de dharma (devoir/droiture), de karma (action) et de quête de libération (moksha). La Bhagavad-Gîtâ est apparue comme une synthèse de ces influences multiformes, offrant des aperçus sur la nature de l'existence, la conduite humaine et l'épanouissement spirituel.

La dynamique sociopolitique de l'Inde ancienne, caractérisée par des structures de pouvoir et des hiérarchies sociales complexes, jette également une ombre sur le récit de la Gîtâ, reflétant les disparités sociales prédominantes et les dilemmes éthiques auxquels sont confrontés les individus dans ce cadre. L'importance du texte réside non seulement dans sa profondeur philosophique et théologique, mais aussi dans sa capacité à entrer en résonance avec les préoccupations fondamentales de l'humanité à travers différentes époques.

Vie et contributions de Vyâsa :

Krishna Dvaipayana, plus connu sous le nom de Vyâsa, est une figure vénérée de la tradition hindoue. On lui attribue la composition du Mahabharata, dont la Bhagavad-Gîtâ fait partie. On sait peu de choses sur la naissance et la jeunesse de Vyâsa, mais son influence sur les traditions religieuses et philosophiques de l'Inde est incommensurable. En tant que compilateur des Védas et auteur de plusieurs Puranas, l'influence de Vyâsa s'étend bien au-delà du récit épique du Mahabharata.

Selon les récits traditionnels, Vyâsa est né du sage Parashara et d'une pêcheuse nommée Satyavati. Son nom « Vyâsa » signifie « arrangeur » ou « compilateur », reflétant son rôle d'organisateur et de transmetteur du savoir védique. On dit que Vyâsa possédait un intellect et une perspicacité spirituelle extraordinaires dès son plus jeune âge, et sa sagesse était reconnue par les sages comme par les érudits.

Les contributions de Vyâsa au patrimoine littéraire et philosophique de l'Inde sont monumentales. En plus de compiler et de classer les Védas, il aurait divisé les enseignements en quatre parties, ce qui a conduit à la classification du Rigveda, du Yajurveda, du Samaveda et de l'Atharvaveda. Cette division a jeté les bases de la préservation et de la diffusion du savoir védique.

Le Mahabharata, souvent considéré comme son œuvre la plus importante, est l'une des épopées les plus longues de la littérature mondiale. Sa description des dilemmes humains, des énigmes éthiques et des principes cosmiques en a fait une source de réflexion et de contemplation. Dans ce magnum opus, Vyâsa a non seulement résumé le récit de la guerre de Kurukshetra, mais a également exposé des concepts philosophiques à travers le dialogue et le discours.

Vyâsa est célébré non seulement comme une figure littéraire, mais aussi comme un sommité spirituelle. Ses réflexions sur la nature de l'existence, le dharma et la réalité ultime ont laissé une marque indélébile sur le paysage philosophique de l'Inde. Sa paternité de La Bhagavad-Gîtâ, un texte spirituel vénéré pour sa sagesse et ses conseils pratiques, a encore renforcé sa réputation de penseur et de visionnaire éminent.

Le Mahabharata :

Le Mahabharata, l'une des deux épopées sanskrites majeures de l'Inde ancienne, est un récit épique de la guerre de Kurukshetra et des destins des princes Kaurava et Pandava. Il est attribué au sage Vyâsa et fait partie intégrante de la mythologie et de la spiritualité indiennes. Le Mahabharata englobe divers éléments, notamment des enseignements philosophiques et dévotionnels, des histoires d'héroïsme et de courage, des dilemmes moraux et des relations familiales complexes.

Composé de plus de 100 000 vers, le Mahabharata n'est pas seulement un récit de guerre, mais aussi un trésor de sagesse, de droiture et de vertus humaines. Au cœur de la saga se trouve le conflit entre les Pandavas et les Kauravas, qui culmine dans une bataille catastrophique à Kurukshetra. L'épopée offre une vue panoramique de la vie et de la société de l'Inde ancienne, englobant des dialogues, des intrigues secondaires et des leçons sur la vertu et le devoir. Le récit global plonge également dans les domaines métaphysiques et spirituels, incorporant les enseignements du dharma, du karma et de la nature de la réalité.

Le Mahabharata est en outre un recueil de connaissances diverses, abordant des sujets allant de la politique et de la gouvernance à l'éthique et à la spiritualité. Ses thèmes universels et sa pertinence l'ont placé au cœur de la culture et de la littérature indiennes, inspirant d'innombrables adaptations, interprétations et études savantes à travers les âges.

Rôle de la Bhagavad-Gîtâ dans le Mahabharata :

la Bhagavad-Gîtâ fait partie intégrante de l'épopée du Mahabharata, où elle apparaît sous la forme d'un dialogue entre le prince Arjuna et le Seigneur Krishna. Ce texte sacré est niché dans le récit plus vaste du Mahabharata, une épopée importante qui englobe une riche mosaïque de personnages, de décors et d'événements. Le contexte de la transmission de La Bhagavad-Gîtâ est crucial pour comprendre son impact sur le récit dans son ensemble. Alors que la guerre de Kurukshetra se profile à l'horizon, Arjuna se retrouve confronté à des dilemmes moraux et éthiques concernant sa participation à la bataille imminente. C'est à ce moment critique que le Seigneur Krishna transmet sa sagesse à Arjuna, répondant à ses doutes et lui fournissant des conseils qui transcendent le champ de bataille immédiat. La Bhagavad-Gîtâ sert donc à la fois de discours philosophique et de guide pratique pour une action juste au milieu des troubles et des questionnements existentiels dans le cadre du Mahabharata. Sa présence dans cette épopée ajoute non seulement de la profondeur et de la signification spirituelle à l'intrigue globale, mais élève également le récit en approfondissant les questions sur le devoir, la droiture et la nature de l'existence. L'intégration de La Bhagavad-Gîtâ dans le Mahabharata illustre la manière dont la littérature indienne ancienne tisse harmonieusement les enseignements philosophiques dans la narration épique, nous offrant une vision complète de l'expérience humaine et des dilemmes moraux.

Fondements philosophiques dans la Gîtâ :

La Gîtâ présente une synthèse de divers concepts philosophiques et écoles de pensée, notamment le Vedanta, le Samkhya et le Yoga. Cet amalgame de philosophies sert de cadre global pour comprendre la nature de la réalité, l'existence humaine et le chemin vers l'illumination spirituelle. Au cœur du fondement philosophique de la Gîtâ se trouvent l'exploration du soi, le concept de dharma et le but ultime de la libération.

L'un des thèmes philosophiques clés de la Gîtâ est l'élucidation de la véritable nature du soi, connue sous le nom d'Atman. À travers les enseignements du Seigneur Krishna, la Gîtâ expose la nature éternelle et immuable du soi, distincte du corps physique périssable. Cette compréhension de la nature du soi constitue la base de la philosophie de la Gîtâ, qui met l'accent sur l'essence transcendantale de l'individu au-delà du domaine matériel.

La Gîtâ approfondit également le concept de dharma, ou droiture et devoir. Elle aborde les complexités des dilemmes éthiques et des responsabilités morales, guidant les individus à discerner et à respecter leurs devoirs justes tout en renonçant à l'attachement aux fruits de leurs actions. Le discours philosophique de la Gîtâ sur le dharma souligne l'importance d'une conduite éthique et de l'alignement de ses actions sur les principes universels, contribuant ainsi à l'harmonie de l'ordre cosmique.

De plus, les fondements philosophiques de la Gîtâ s'étendent à la quête de la libération, ou moksha, qui représente le but ultime de la vie humaine selon la philosophie védique. La Gîtâ décrit différents chemins pour atteindre la libération, notamment les chemins de la connaissance (Jnana Yoga), de la dévotion (Bhakti Yoga) et de l'action disciplinée (Karma Yoga).

Ces chemins offrent diverses approches aux chercheurs pour réaliser la vérité éternelle et transcender le cycle de la naissance et de la mort.

Thèmes et motifs :

La Bhagavad-Gîtâ englobe une riche mosaïque de thèmes et de motifs, chacun contribuant à sa profondeur philosophique. Au cœur de ceux-ci se trouve le concept de dharma, ou devoir, qui sert de principe directeur à la conduite humaine. La Gîtâ explore la nature multiforme du dharma, en soulignant l'importance de remplir ses obligations tout en transcendant l'attachement aux résultats des actions. Ce thème résonne profondément dans le récit du dilemme moral d'Arjuna sur le champ de bataille, soulignant le conflit entre les devoirs familiaux et les considérations éthiques.

De plus, le thème du yoga – non seulement comme exercice physique, mais aussi comme voie vers la réalisation spirituelle – imprègne le texte. La Gîtâ élucide diverses formes de yoga, comme le karma yoga (le yoga de l'action désintéressée), le bhakti yoga (le yoga de la dévotion) et le jnana yoga (le yoga de la connaissance), les présentant comme des voies interconnectées pour atteindre l'harmonie intérieure et la communion avec le divin.

Un autre thème important est la dichotomie entre le corps périssable et l'âme immortelle. Au travers de dialogues allégoriques et de métaphores, la Gîtâ expose l'essence éternelle du soi (atman) et son détachement du domaine transitoire de l'existence matérielle. Cette exploration existentielle invite les lecteurs à contempler l'impermanence de la vie physique et la nature de l'âme, incitant à une introspection dans l'essence de l'identité humaine.

De plus, l'interaction entre action et renoncement apparaît comme un motif récurrent. La Gîtâ souligne l'importance d'accomplir ses devoirs prescrits sans attachement aux fruits du travail, préconisant une approche équilibrée entre l'engagement mondain et le détachement spirituel. Cette juxtaposition souligne le concept essentiel du nishkama karma, le décrivant comme un moyen d'harmoniser les responsabilités mondaines avec la poursuite de la libération spirituelle.

De plus, le thème de la manifestation divine et de l'ordre universel imprègne la Gîtâ, décrivant l'omniprésence du divin dans toute la création. Le texte dévoile le spectacle cosmique de la divinité dans et au-delà du monde tangible, transmettant un sentiment d'interdépendance et de révérence pour la présence divine dans chaque aspect de l'existence.

Intentions et style littéraire de Vyâsa :

L'intention première de Vyâsa en présentant la Bhagavad-Gîtâ dans le cadre de l'épopée du Mahabharata était d'offrir un discours spirituel qui non seulement transmette des conseils moraux et éthiques, mais aborde également les questions fondamentales relatives à l'existence, au devoir et à la nature de la réalité. En intégrant les enseignements du Seigneur Krishna dans le contexte plus large de la guerre de Kurukshetra, Vyâsa entremêle magistralement les idées philosophiques avec le récit dramatique et captivant de l'épopée, garantissant ainsi que les vérités spirituelles résonnent profondément dans le cœur et l'esprit des lecteurs. Il est évident que Vyâsa a cherché à transmettre un message qui transcende les frontières du temps et du lieu, rendant la Gîtâ pertinente et applicable à toutes les époques.

En termes de style littéraire, la maîtrise de Vyâsa est évidente dans le mélange harmonieux de vers poétiques, de dialogues et d'exposition narrative. L'utilisation du symbolisme, de l'allégorie et de la métaphore imprègne la Gîtâ de couches de sens, invitant à la contemplation et à l'interprétation à plusieurs niveaux. À travers des métaphores poignantes telles que le champ de bataille servant de métaphore pour la lutte humaine et le cocher symbolisant le guide divin, Vyâsa utilise une riche tapisserie de procédés littéraires pour transmettre des vérités spirituelles d'une manière qui captive l'imagination et l'intellect du lecteur. De plus, la capacité de Vyâsa à articuler des concepts philosophiques complexes d'une manière lucide et accessible met en valeur son talent inégalé en tant que philosophe et conteur.

Impact sur la pensée philosophique ultérieure :

L'influence de la Gîtâ s'étend bien au-delà des frontières de l'Inde ancienne, et s'étend également aux domaines de la philosophie occidentale. Les concepts élucidés dans la Gîtâ, tels que la nature du soi, les voies de la réalisation spirituelle et l'éthique de l'action, ont inspiré d'innombrables philosophes, théologiens et penseurs à travers l'histoire.

L'un des domaines clés dans lesquels la Bhagavad-Gîtâ a influencé la pensée philosophique ultérieure est celui de l'existentialisme. La réflexion de la Gîtâ sur le sens de la vie, la nature du devoir et la lutte humaine pour la réalisation de soi résonne profondément chez des philosophes existentialistes tels que Søren Kierkegaard, Jean-Paul Sartre et Friedrich Nietzsche. L'exploration de la Gîtâ sur le choix, la responsabilité et l'authenticité trouve un écho dans les œuvres de ces penseurs occidentaux influents, enrichissant le discours sur la condition humaine.

De plus, l'explication des différentes voies du yoga et le concept de transcendance dans la Gîtâ ont trouvé des parallèles dans les écrits des phénoménologues et des métaphysiciens modernes. L'accent mis par la Gîtâ sur l'unité de l'être, le rôle de la conscience et la quête de la libération a suscité une intense réflexion philosophique sur la nature de la réalité et de la conscience, contribuant ainsi à l'évolution de la pensée métaphysique en Occident.

En outre, les dimensions éthiques décrites dans la Bhagavad-Gîtâ ont eu un impact durable sur les théories éthiques et les philosophies morales dans toutes les cultures. Les enseignements de la Gîtâ sur l'action juste, le détachement et la nature du dharma ont stimulé les discussions sur l'éthique de la vertu, l'éthique déontologique et le conséquentialisme. Les dilemmes éthiques auxquels Arjuna a été confronté, tels qu'ils sont décrits dans la Gîtâ, sont devenus des exemples archétypiques qui continuent de susciter une réflexion et une délibération éthiques dans le discours philosophique contemporain.

Traductions et interprétations au fil du temps :

La Bhagavad-Gîtâ a gagné en popularité au-delà des frontières de l'Inde et des érudits et penseurs de divers horizons culturels se sont attachés à transmettre ses enseignements à un public mondial. Ces traductions et interprétations ont joué un rôle essentiel dans la diffusion de la sagesse de la Bhagavad-Gîtâ et dans la mise en lumière de sa pertinence dans divers contextes.

L'une des premières traductions connues de La Bhagavad-Gîtâ dans une langue occidentale fut réalisée par Charles Wilkins en 1785. Ce travail pionnier a marqué le début d'un processus continu de traduction du texte dans différentes langues, permettant ainsi à des personnes du monde entier d'accéder à ses enseignements. Les traducteurs suivants, dont Swami Vivekananda, AC Bhaktivedanta Swami Prabhupada et Eknath Easwaran, ont proposé leurs propres interprétations, chacune imprégnée de perspectives et de nuances uniques.

L'acte de traduction implique non seulement une conversion linguistique, mais aussi une interprétation et une contextualisation. Ainsi, différents traducteurs ont abordé La Bhagavad-Gîtâ en y apportant leurs expériences et leurs tendances philosophiques individuelles. Les variations dans ces traductions reflètent la nature multiforme du message de la Gîtâ et l'évolution de la compréhension de sa profondeur.

De plus, les interprétations de la Bhagavad-Gîtâ se sont étendues au-delà des travaux universitaires pour englober des expressions artistiques et des adaptations sous diverses formes. Artistes, musiciens, écrivains, cinéastes et chefs spirituels ont tous trouvé l'inspiration dans la Gîtâ, produisant des œuvres créatives en résonance avec ses thèmes et ses personnages. Grâce à ces diverses initiatives créatives, l'influence de la Gîtâ a transcendé les frontières littéraires traditionnelles et a imprégné la culture populaire.

Les nombreuses interprétations de la Bhagavad-Gîtâ suscitent de riches discussions et débats, contribuant à une meilleure compréhension de son importance. Alors que la Gîtâ continue de captiver les nouvelles générations, les penseurs et les érudits contemporains s'efforcent de fournir de nouvelles traductions et des analyses innovantes qui parlent de l'éthique moderne. Ce processus continu assure non seulement la préservation de la sagesse de la Gîtâ, mais souligne également son adaptabilité et son universalité.

La pertinence de la Gîtâ dans la société contemporaine :

Dans la société contemporaine, les enseignements de la Bhagavad-Gîtâ continuent de trouver un écho et d'offrir une sagesse applicable à divers aspects de la vie humaine. L'un des principes clés de la Gîtâ est le concept de Dharma. Ce concept reste très pertinent aujourd'hui, alors que les individus sont aux prises avec des dilemmes éthiques et moraux dans les sphères personnelles et professionnelles. L'accent mis par la Gîtâ sur l'accomplissement de ses devoirs sans attachement aux résultats sert de guide pertinent pour expérimenter les complexités de la vie moderne.

La Gîtâ offre également des pistes pour gérer le stress et l'anxiété, deux problèmes courants dans le monde actuel qui évolue à un rythme effréné. Les enseignements sur la recherche de la paix intérieure et le maintien de l'équilibre mental au milieu de l'adversité offrent des mécanismes d'adaptation précieux aux individus de la société contemporaine. De plus, le discours de la Gîtâ sur la nature du soi et l'essence éternelle de l'être fournit un ancrage philosophique dans une époque marquée par le matérialisme et les crises existentielles.

De plus, les principes de leadership et de prise de décision exposés dans la Gîtâ sont importants. Le concept de leadership éclairé, tel qu'incarné par le conseil du Seigneur Krishna à Arjuna, offre des leçons inestimables aux dirigeants de divers domaines. La Gîtâ promeut les vertus de l'empathie, de la pensée stratégique et de la direction compatissante, qui sont toutes des qualités indispensables pour un leadership efficace dans le monde globalisé et interconnecté d'aujourd'hui.

Les enseignements de la Bhagavad-Gîtâ sur l'unité de toute existence et la fraternité universelle sont pertinents pour favoriser l'harmonie et la compréhension dans une société diverse et pluraliste. À une époque caractérisée par des complexités sociales et géopolitiques, le message de la Gîtâ visant à transcender les forces de division et à embrasser l'unité a le potentiel d'inspirer le progrès collectif et la cohésion sociétale.

Chapitre III
LA VISION DE VYÂSA SUR LA NATURE DU SOI

Introduction au concept d'Atman :

Le concept d'Atman, tel qu'il est exposé dans la Bhagavad-Gîtâ, est au cœur de la philosophie védantique et de la spiritualité hindoue. Comprendre l'Atman est essentiel pour les chercheurs sur le chemin de la réalisation de soi. Le terme Atman fait référence au vrai soi, à l'essence d'un individu qui transcende le corps physique et l'esprit. Il représente le noyau immuable et éternel de l'être, au-delà des fluctuations du monde matériel. L'introduction à l'Atman pose les bases fondamentales de toutes les recherches spirituelles. Reconnaître l'Atman conduit à un changement de perspective, dans lequel les individus commencent à se percevoir comme des manifestations divines plutôt que comme de simples entités mortelles. Ce changement de conscience constitue la pierre angulaire de diverses pratiques méditatives et introspectives visant à se connecter au soi supérieur.

De plus, la compréhension de l'Atman favorise un sentiment d'interdépendance et d'unité entre tous les êtres, soulignant que chaque individu partage le même Atman ou essence divine. En approfondissant l'Atman, les chercheurs acquièrent des connaissances sur la nature de l'existence, le but de la vie et l'interdépendance de tous les êtres vivants. L'élucidation de l'Atman par Vyâsa fournit aux chercheurs un cadre pour contempler les vérités universelles encapsulées dans l'Atman, redirigeant leur attention des distractions extérieures vers l'exploration intérieure. Une telle contemplation encourage les individus à se lancer dans un voyage intérieur, leur permettant de découvrir la sagesse et la nature éternelle de l'Atman. L'adoption de ce concept engendre un sentiment de paix, de sagesse et de réalisation de soi, propulsant les individus vers un état d'épanouissement spirituel.

Dans la Bhagavad-Gîtâ, l'Atman représente le noyau immuable du Soi, insensible aux aspects transitoires de l'existence. Sa nature éternelle transcende la naissance et la mort, restant intouchable par le passage du temps. L'Atman est décrit comme étant au-delà de la décadence, de la mort et de la destruction, et donc porteur d'un lien intrinsèque avec la conscience universelle. Cette qualité souligne son importance en tant que vérité immuable au milieu des phénomènes en constante évolution du monde manifesté.

Comprendre l'Atman grâce à l'auto-réflexion :

L'introspection permet de plonger dans les profondeurs de la conscience et de contempler la nature du soi. Ce processus introspectif permet aux individus d'explorer leurs pensées, leurs émotions et leurs expériences, les amenant à reconnaître l'essence sous-jacente de l'Atman. C'est par l'introspection que l'on commence à discerner les aspects transitoires de l'existence de la nature éternelle de l'Atman. Les enseignements de Vyâsa soulignent l'importance de l'introspection comme moyen essentiel pour comprendre la véritable nature du soi. En se tournant vers l'intérieur et en examinant de manière contemplative ses croyances, ses valeurs et son fonctionnement intérieur, l'individu peut se lancer dans une quête pour dévoiler la réalité immuable de l'Atman. La conscience de soi cultivée par l'introspection sert d'outil puissant pour reconnaître la distinction entre la forme physique périssable et l'essence impérissable de l'Atman. En s'engageant dans l'introspection, on affronte les limites et les imperfections du monde matériel, ouvrant la voie à une compréhension plus profonde de la nature transcendante de l'Atman. De plus, l'introspection favorise un sentiment d'interconnexion et d'unité avec la conscience universelle, alignant ainsi les individus sur la vérité de l'Atman. Ce processus d'introspection exige une contemplation soutenue, de la discipline et un engagement inébranlable pour percer les mystères du soi. Il encourage les individus à remettre en question leurs identités, leurs rôles et leurs attachements afin de discerner la nature de l'Atman qui transcende les illusions du monde. Grâce à l'introspection, on peut atteindre la clarté, la paix intérieure et la transformation spirituelle, pour finalement réaliser la divinité intrinsèque incarnée par l'Atman.

Atman en relation avec le corps physique :

Selon les enseignements de Vyâsa, l'Atman est l'essence éternelle et immuable d'un individu, distincte de la forme physique périssable. Comprendre la relation entre l'Atman et le corps physique est essentiel pour comprendre la nature de l'existence et le but de la vie. Le corps, tel qu'il est exposé par Vyâsa, n'est qu'un réceptacle temporaire pour l'Atman, servant de moyen par lequel l'Atman interagit avec le monde matériel. Alors que le corps subit les cycles de la naissance, de la croissance, de la décadence et de la mort, l'Atman reste constant et inchangé. Cette disparité flagrante souligne la nature transitoire de l'être physique par opposition à l'essence de l'Atman.

Les enseignements de Vyâsa s'intéressent également à l'interdépendance de l'Atman et du corps physique, mettant en lumière la manière dont les actions et les expériences du corps influencent directement le voyage de l'Atman. Il est souligné que le corps joue un rôle déterminant pour permettre à l'Atman de remplir ses devoirs karmiques dans le monde des mortels. L'Atman utilise le corps physique comme un outil pour les actions justes, la croissance spirituelle et l'atteinte de la réalisation de soi. Cette interaction dynamique met en évidence le rôle intégral du corps physique dans le cadre plus large du voyage de l'Atman.

En outre, le discours de Vyâsa sur ce sujet aborde l'impact des désirs et des attachements du corps sur l'Atman. Le corps humain, poussé par les perceptions sensorielles et les désirs mondains, engendre souvent des désirs qui peuvent distraire l'Atman de sa divinité inhérente. Cependant, grâce à une pratique disciplinée et à la conscience de soi, les individus peuvent aligner leurs actions corporelles sur les principes du dharma, harmonisant ainsi la relation entre l'Atman et la forme physique. Ce faisant, on transcende les contraintes des désirs corporels, permettant à l'Atman de se diriger vers l'illumination et la libération.

Atman et égo :

L'Atman, souvent appelé le vrai soi ou l'âme, représente l'aspect éternel et immuable d'un individu. C'est l'essence de l'être, non affectée par la nature transitoire du corps physique ou les fluctuations de l'esprit. En revanche, l'ego est une construction de l'esprit qui est façonnée par les expériences, les perceptions et les influences sociales. Il est caractérisé par l'attachement, les désirs et le sentiment d'identité individuelle.

La distinction entre l'Atman et l'ego est au cœur de la croissance spirituelle et de la réalisation de soi. Comprendre que l'Atman se situe au-delà du domaine des désirs et des attachements motivés par l'ego est essentiel pour transcender les limites du monde matériel. Vyâsa explique que l'ego a tendance à s'affirmer par un faux sentiment d'importance personnelle et un attachement aux résultats, tandis que l'Atman reste détaché et indifférent, témoin du jeu de la vie sans s'y mêler. Reconnaître la domination de l'ego permet aux individus d'aligner consciemment leurs actions sur la conscience de l'Atman, conduisant à un état d'harmonie et de pureté intérieures.

La Bhagavad-Gîtâ souligne l'importance de maîtriser l'influence de l'ego par l'autodiscipline et l'introspection, ouvrant ainsi la voie à la réalisation de la nature éternelle de l'Atman. En discernant la nature transitoire de l'ego et en s'identifiant à l'essence immuable de l'Atman, les individus peuvent atteindre un sentiment de libération et de paix intérieure. La maîtrise de l'ego conduit à une conscience accrue de l'interdépendance de tous les êtres, favorisant la compassion et l'empathie. Grâce à la contemplation et à l'introspection, on peut progressivement démanteler les barrières imposées par l'ego et embrasser l'éclat rayonnant de l'Atman.

Le rôle de l'investigation intérieure dans la réalisation de l'Atman :

Le cheminement vers la réalisation de soi et la compréhension de la véritable nature de l'Atman implique un processus d'investigation intérieure. Ce processus implique de plonger au plus profond de soi-même pour explorer l'essence de son être au-delà des royaumes du monde matériel. L'investigation intérieure n'est pas seulement un exercice intellectuel, mais une pratique spirituelle qui implique l'introspection, la contemplation et la méditation. Elle exige une quête sincère et incessante pour discerner l'essence éternelle du soi des couches temporaires de l'ego et des influences extérieures.

L'introspection est facilitée par diverses techniques et méthodologies anciennes prescrites dans la Bhagavad-Gîtâ, notamment l'introspection, la pleine conscience et la culture du calme intérieur. Elle implique l'observation des fluctuations de l'esprit et des émotions, la reconnaissance des schémas de pensée habituels et le dépassement progressif des croyances limitantes et des conditionnements qui voilent la réalisation de l'Atman. Grâce à ce processus introspectif, les individus commencent à démêler les couches d'ignorance et d'idées fausses, ouvrant la voie à une connexion plus profonde avec leur véritable Soi.

Le rôle de l'investigation intérieure dans la réalisation de l'Atman va au-delà de l'introspection personnelle. Il implique également de rechercher des conseils auprès de maîtres spirituels, de sages et d'Écritures pour acquérir une compréhension plus claire de la nature du soi et du chemin vers la réalisation de soi. En s'immergeant dans les enseignements de la Gîtâ et d'autres textes sacrés, les aspirants peuvent élargir leur perspective et recevoir des informations précieuses qui éclairent le chemin de l'investigation intérieure.

Au fur et à mesure que les individus progressent dans leur exploration intérieure, ils développent un sens accru de la conscience de soi et de l'harmonisation avec les énergies subtiles qui sous-tendent leur existence. Cette prise de conscience approfondie leur permet de traverser les couches de conditionnement et de constructions sociétales, conduisant à un alignement plus authentique et harmonieux avec l'Atman. Par conséquent, les individus s'ancrent dans un état de tranquillité et de clarté intérieures, favorisant un sentiment de but et de sens dans leur vie.

L'Atman comme source de la conscience :

L'Atman représente l'aspect immuable et éternel de l'être, transcendant les domaines physique et mental. La Gîtâ postule que l'Atman n'est pas limité par les limites du temps, de l'espace ou des circonstances, mais existe plutôt comme une présence omniprésente, imprégnant tous les êtres sensibles. À travers le prisme de la sagesse de Vyâsa, l'Atman incarne la forme la plus pure de la conscience, non souillée par des influences extérieures ou des émotions passagères. De plus, l'Atman est considéré comme le témoin éternel, observant silencieusement le flux et le reflux des expériences sans attachement. Cette qualité inhérente souligne son rôle de source de conscience, agissant comme le substrat d'où émergent toutes les perceptions, pensées et sensations.

Selon les enseignements de Vyâsa, comprendre l'Atman comme source de la conscience est essentiel pour transcender la nature illusoire du monde matériel et atteindre ainsi la véritable illumination. En reconnaissant le lien indissoluble de l'Atman avec la conscience, nous pouvons commencer à percevoir l'interaction entre les manifestations transitoires de l'esprit et l'essence immuable de leur véritable moi. Cette compréhension conduit à un changement de perspective, favorisant un sentiment de détachement des expériences sensorielles éphémères tout en nourrissant une conscience plus profonde de la nature immortelle de la conscience.

De plus, la Bhagavad-Gîtâ expose l'interdépendance de la conscience dérivée de l'Atman parmi tous les êtres vivants, mettant l'accent sur l'unité et l'empathie comme principes fondamentaux. Les idées de Vyâsa rappellent aux chercheurs qu'en reconnaissant la manifestation universelle de l'Atman en tant que conscience, ils peuvent cultiver la compassion et la compréhension envers les voyages des autres.

Le voyage vers l'expérience de l'Atman :

La Bhagavad-Gîtâ explore en profondeur le cheminement vers l'expérience de l'Atman, le vrai Soi qui réside en tous les êtres. Ce voyage n'est pas une simple quête physique ou intellectuelle ; il nécessite une transformation et une réalisation intérieures. La Gîtâ souligne que le chemin vers l'expérience de l'Atman implique de transcender les illusions du monde matériel et de reconnaître sa divinité intérieure. C'est un voyage transformateur qui nécessite un changement de conscience et une compréhension profonde de sa vraie nature.

Au cœur de ce voyage se trouve la pratique de la conscience de soi et de l'introspection. La Gîtâ enseigne qu'en se tournant vers l'intérieur et en s'engageant dans une réflexion sur soi-même, les individus peuvent éplucher les couches de conditionnement et de fausse identification pour révéler l'essence éternelle de l'Atman. Ce processus d'introspection et de contemplation conduit à une conscience accrue du vrai soi au-delà des aspects transitoires de l'existence.

De plus, le cheminement vers l'expérience de l'Atman implique la culture de vertus telles que l'humilité, la compassion et l'altruisme. La Gîtâ souligne qu'en adoptant ces qualités, les individus peuvent s'aligner sur la nature divine de l'Atman, favorisant ainsi une connexion plus profonde avec la conscience universelle. Par des actes de service, de dévotion et d'action juste, les pratiquants s'engagent sur un chemin qui les conduit vers la réalisation directe de l'Atman.

De plus, la Gîtâ explique que le cheminement vers l'expérience de l'Atman nécessite la pratique de la méditation et de la pleine conscience. En apaisant les fluctuations de l'esprit et en atteignant le calme intérieur, les individus peuvent accéder aux profondeurs de leur être et percevoir la présence lumineuse de l'Atman. Grâce à la méditation, on peut transcender les limites de l'ego et se connecter à la source éternelle de la conscience qui imprègne toute existence.

Le cheminement vers l'expérience de l'Atman est également caractérisé par la guidance d'enseignements éclairés et de mentors spirituels. La Gîtâ souligne l'importance de rechercher la sagesse des sages et des gourous qui ont réalisé l'Atman en eux-mêmes. Leurs conseils et leurs connaissances transmises servent de phares éclairant le chemin des chercheurs, offrant des idées et des pratiques inestimables qui facilitent l'expérience directe de l'Atman.

Chapitre IV
ACTION ET INACTION

Nishkama Karma - La philosophie de l'action désintéressée :

Le Nishkama Karma, tel que décrit dans la Bhagavad-Gîtâ, incarne la philosophie de l'action désintéressée. À la base, ce concept éclaire les principes de l'accomplissement de ses devoirs sans s'attacher aux fruits de ces actions. Il résume la croyance selon laquelle un individu doit se concentrer sur l'accomplissement de ses responsabilités avec sincérité et habileté, sans désir ni aversion envers les résultats. Cette philosophie approfondit la compréhension que l'intention derrière une action a une importance primordiale, transcendant la simple exécution des tâches.

En pratiquant le Nishkama Karma, on apprend à se détacher des désirs personnels et des motivations égocentriques, adoptant ainsi un état d'esprit d'altruisme et de service. L'exploration nuancée de cette doctrine révèle que le véritable esprit d'action réside dans le renoncement à l'attachement aux résultats, favorisant ainsi un sentiment de libération intérieure et d'évolution spirituelle. Comprendre le Nishkama Karma implique de se plonger dans les dimensions éthiques et morales de la conduite humaine, de déchiffrer les implications d'agir avec un détachement absolu. Il incite les individus à contempler la signification sous-jacente de leurs actions, soulignant le pouvoir transformateur de l'altruisme et du dévouement au devoir.

Adopter Nishkama Karma nécessite une profonde introspection dans la nature du désir et les implications de l'attachement, conduisant finalement à un chemin de transcendance de soi et de purification intérieure. Grâce à une analyse complète de cette philosophie, les individus peuvent cultiver un état d'esprit libre de l'esclavage des gains et des pertes personnelles, élevant ainsi leur conscience vers des plans spirituels supérieurs

L'essence de l'absence de désir :

Le désir est reconnu comme un aspect fondamental de la nature humaine, qui pousse les individus à atteindre leurs objectifs et leurs ambitions. Cependant, la Bhagavad-Gîtâ introduit le concept d'absence de désir, soulignant l'importance de la libération de l'attachement. L'absence de désir représente la capacité d'agir sans se laisser influencer par des motivations personnelles ou des désirs motivés par l'ego. Cet état de liberté intérieure permet aux individus de s'engager dans des actions de manière désintéressée, sans rechercher de gain personnel ou de reconnaissance.

Dans les enseignements de la Gîtâ, l'absence de désir est décrite comme une voie vers la croissance spirituelle et la libération des cycles de souffrance. L'essence de l'absence de désir réside dans le dépassement de l'ego et du besoin incessant de gratification. En renonçant à l'attachement aux résultats de nos actions, nous atteignons un sentiment d'équanimité et de paix intérieure. Cette compréhension permet aux individus d'affronter les défis de la vie avec grâce et résilience.

La Gîtâ souligne que l'absence de désir n'implique pas la passivité ou l'indifférence. Au contraire, elle encourage un engagement proactif envers le monde, ancré dans un sens profond du devoir et de la droiture. Cultiver l'absence de désir exige une introspection et une conscience de soi. Cela implique de reconnaître la nature transitoire des activités mondaines et de réorienter son attention vers la poursuite de la réalisation spirituelle. Grâce à ce changement d'état d'esprit transformateur, les individus se libèrent du cycle incessant du désir et de l'aversion, en embrassant une connexion à la conscience universelle.

La pratique de l'absence de désir est ancrée dans la trame de diverses traditions spirituelles et sert de principe directeur à la conduite éthique et morale. Ses implications pratiques s'étendent au domaine des relations, du travail et des responsabilités sociétales, favorisant l'harmonie et l'altruisme. Son essence imprègne chaque dimension de l'existence humaine, offrant un puissant antidote aux afflictions de l'égoïsme et de la cupidité. En incarnant ce principe, les individus incarnent les plus hautes vertus de compassion, d'altruisme et d'intégrité.

Le dilemme d'Arjuna - Action et devoir :

Dans la Bhagavad-Gîtâ, Arjuna se trouve au cœur d'une crise morale et existentielle sur le champ de bataille de Kurukshetra. Alors qu'il fait face à ses proches et à ses aînés vénérés qui se tiennent du côté opposé, le doute et le désespoir s'emparent de sa conscience. Le dialogue qui s'ensuit entre Arjuna et le Seigneur Krishna capture l'essence de cette lutte intérieure – un conflit entre l'accomplissement de son devoir de guerrier et les implications éthiques de la prise des armes contre ses propres proches. Ce moment charnière dans les Écritures reflète le dilemme universel de l'équilibre entre le devoir et les principes moraux supérieurs.

Le texte explore en profondeur les différentes facettes de l'angoisse d'Arjuna, alors qu'il se débat avec des questions de droiture, de moralité et des conséquences de ses actes. Sa contemplation reflète la situation humaine éternelle, mettant en évidence le réseau de dilemmes auxquels sont confrontés les individus dans leur quête de droiture et de finalité. À travers une analyse textuelle, nous mettons au jour les nuances du dilemme d'Arjuna, en décortiquant les dimensions psychologiques, éthiques et philosophiques inhérentes à son trouble.

De plus, l'exploration du dilemme d'Arjuna sert de miroir à nos propres conflits intérieurs et à nos dilemmes éthiques. Elle incite à l'introspection sur la nature de nos responsabilités, les choix éthiques auxquels nous sommes confrontés et la complexité de l'expérience du devoir face aux scrupules moraux. Les différentes couches nuancées du dilemme d'Arjuna offrent un aperçu de la condition humaine elle-même, offrant une riche tapisserie pour la contemplation éthique et philosophique.

En parcourant les tourments intérieurs d'Arjuna, nous sommes confrontés au débat sur le caractère sacré du devoir et les impératifs moraux qui le gouvernent. Le texte décrit méticuleusement les émotions conflictuelles qui tourmentent la psyché d'Arjuna et l'interaction subtile entre l'action et l'inaction qui sous-tend sa crise. Grâce à cet examen approfondi, nous comprenons l'équilibre entre les responsabilités matérielles et la droiture spirituelle.

La réticence d'Arjuna à s'engager dans la bataille incarne les appréhensions qui assaillent souvent les individus confrontés à des circonstances difficiles qui exigent une action décisive. Son conflit intérieur résume la lutte éternelle entre le respect du devoir et les implications éthiques perçues de ces devoirs. À travers une analyse empathique et méticuleuse de la situation d'Arjuna, nous plongeons dans la dynamique complexe de la prise de décision éthique et les nuances de l'accomplissement de ses responsabilités.

L'inaction dans l'action, l'action dans l'inaction :

Dans la Gîtâ, le Seigneur Krishna explique que lorsque nous sommes engagés dans l'action, nous pouvons atteindre un état d'inaction, et de même, dans des moments de contemplation apparemment inactive, nous pouvons accomplir le plus d'actions. Ce concept paradoxal remet en question les conceptions conventionnelles de la productivité et de l'oisiveté, offrant un aperçu plus profond de la nature du karma.

Les enseignements de la Gîtâ soulignent que la véritable inaction n'implique pas de s'abstenir de toute activité, mais plutôt une attitude de non-attachement aux conséquences de nos actes. Elle encourage les individus à accomplir leurs devoirs avec un dévouement et une sincérité complets, tout en renonçant au désir d'obtenir des résultats précis. Cette approche libère de la poursuite incessante du gain personnel et permet un service désintéressé, conduisant à un sentiment d'accomplissement intérieur et d'harmonie.

Le texte explore également le concept d'action dans l'inaction, soulignant l'importance de la contemplation intérieure et de la pleine conscience au milieu du calme extérieur. Il soutient qu'en cultivant un état d'équilibre et de conscience intérieurs, les individus peuvent s'engager dans la forme d'action la plus significative : la transformation intérieure. Ce processus de transformation implique l'introspection, la découverte de soi et la culture de vertus telles que la compassion, l'empathie et la sagesse.

La résolution de cette apparente contradiction a des implications pour la vie moderne. Dans le monde trépidant et compétitif d'aujourd'hui, le concept de Nishkama Karma offre un cadre convaincant pour faire face au stress, à l'anxiété et à la poursuite incessante du succès matériel. En intégrant la sagesse de la Gîtâ, les individus peuvent aborder leurs efforts professionnels et personnels avec un esprit de détachement, ce qui conduit à une existence plus équilibrée et plus épanouissante.

De plus, la notion d'action dans l'inaction nous rappelle avec force qu'il faut donner la priorité aux soins personnels, à la contemplation et au bien-être mental. À une époque dominée par la stimulation constante et les exigences extérieures, les enseignements de la Gîtâ nous poussent à trouver du réconfort dans des moments tranquilles de réflexion et de méditation, en reconnaissant l'immense valeur de la croissance intérieure parallèlement à la réussite extérieure.

Mythes courants sur l'action non attachée :

Les idées fausses et les interprétations erronées du concept d'action non attachée ont persisté à travers les âges, entraînant confusion et incompréhension chez ceux qui cherchent à comprendre sa signification. Un mythe courant est la croyance selon laquelle la pratique du Nishkama Karma implique un retrait du monde, une acceptation passive des circonstances sans aucun engagement proactif. Cette idée fausse découle d'une compréhension limitée du détachement, qui ne concerne pas le désengagement mais plutôt l'accomplissement de ses devoirs sans être consumé par des désirs ou des attachements personnels. Un autre mythe répandu est l'idée que le Nishkama Karma prône l'indifférence ou l'apathie envers le résultat de ses actions. La vérité, cependant, est qu'il encourage les individus à faire de leur mieux tout en renonçant à l'attachement aux fruits de leur travail, favorisant ainsi un sentiment d'équanimité et de liberté par rapport aux troubles émotionnels. De plus, certains perçoivent à tort le Nishkama Karma comme une forme d'évasion, l'interprétant comme une excuse pour l'inaction ou l'évitement des responsabilités. En réalité, cette philosophie met l'accent sur la nécessité de participer activement à la vie en société, de remplir ses obligations avec un esprit désintéressé et de se concentrer sur le bien commun. De plus, il existe une idée fausse répandue selon laquelle le Nishkama Karma favorise un manque d'ambition ou de dynamisme, suggérant que les individus qui suivent cette voie deviendraient complaisants et peu ambitieux. Au contraire, la pratique du Nishkama Karma incite les individus à rechercher l'excellence et le succès dans leurs efforts tout en réorientant leurs motivations vers des objectifs vertueux et altruistes. Enfin, une autre idée fausse est la croyance selon laquelle le Nishkama Karma conduit au détachement des relations et des liens émotionnels, créant une image de distance et d'isolement. En vérité, la philosophie encourage les interactions significatives et compatissantes, prônant l'amour et l'empathie tout en s'abstenant de s'emmêler dans la possessivité ou la dépendance.

Chapitre V
LA LOI DE CAUSE ET EFFET

Le Karma et son principe cosmique :

Le karma est un concept philosophique représentant la loi de cause à effet qui régit les domaines moraux et spirituels. Enraciné dans la philosophie hindoue ancienne, le karma englobe l'idée que chaque action, qu'elle soit physique, mentale ou émotionnelle, a une réaction correspondante qui se répercute dans tout l'univers. Ce principe cosmique constitue la base de la compréhension éthique et spirituelle, façonnant les circonstances présentes et le destin futur de l'individu.

Le concept de karma met l'accent sur la responsabilité personnelle et l'obligation de rendre compte de ses actes, favorisant l'introspection et la conduite délibérée. Il souligne l'interdépendance de tous les êtres vivants et l'interaction dynamique entre les actions et leurs conséquences. La compréhension du karma facilite la reconnaissance de la vie comme un réseau d'événements et de choix interconnectés. De plus, il offre un aperçu de la nature de la souffrance, du bonheur et du but ultime de l'existence humaine.

En contemplant les implications de ce principe cosmique, les individus sont encouragés à cultiver la pleine conscience et le discernement dans leurs pensées, leurs paroles et leurs actions, orientant ainsi le cours de leur destinée. Grâce à cette exploration, le praticien acquiert une compréhension plus profonde des fondements éthiques du karma et de ses implications de grande portée. La notion de karma imprègne diverses facettes de l'expérience humaine, englobant les relations interpersonnelles, la dynamique sociétale et la poursuite de l'illumination individuelle. En tant que telle, elle sert de principe directeur pour expérimenter les complexités de la vie et reconnaître les répercussions inhérentes à ses choix.

L'interprétation du karma par Vyâsa dans la Bhagavad-Gîtâ :

Dans la Bhagavad-Gîtâ, Vyâsa décrit le karma non seulement comme des actions individuelles et leurs répercussions, mais comme une loi cosmique globale qui régit l'univers. Il décrit comment chaque action, qu'elle soit physique, mentale ou émotionnelle, déclenche une chaîne de causes et d'effets, créant ainsi la toile du karma qui lie tous les êtres. Vyâsa souligne que la compréhension du karma est essentielle à l'évolution spirituelle, car elle pose les bases de la compréhension de sa réalité existentielle et du chemin vers la libération.

De plus, Vyâsa approfondit le concept de « Nishkama Karma », en élucidant la philosophie de l'action désintéressée. Il explique que l'accomplissement de son devoir sans attachement aux fruits des actions purifie l'esprit et conduit à l'élévation spirituelle. L'interprétation de Vyâsa souligne le potentiel transformateur du karma lorsqu'il est accompli avec un sens du dharma et du détachement, transcendant le cycle de la naissance et de la mort.

La Gîtâ dévoile également la vision de Vyâsa sur l'interaction entre le karma et le libre arbitre, soulignant le rôle central de l'action humaine dans la formation de la destinée de chacun. L'interprétation de Vyâsa éclaire la danse entre le choix individuel et l'ordre cosmique, soulignant la responsabilité morale inhérente à l'exercice du libre arbitre. Cette compréhension nuancée du karma permet aux individus d'aligner leurs actions sur la droiture, traçant ainsi un noble chemin vers la réalisation de soi.

De plus, Vyâsa expose l'idée de « Karma Phala » - les fruits des actions - soulignant les implications éthiques de la récolte des conséquences de ses actes. Au travers de récits poignants et de métaphores, Vyâsa transmet l'impact du karma sur l'évolution de la conscience, tissant une tapisserie de sagesse qui résonne auprès des chercheurs dans leur quête de transcendance.

Karma Yoga - Le chemin de l'action désintéressée :

Le karma yoga, tel qu'il est exposé dans la Bhagavad-Gîtâ par Vyâsa, explique l'idée que les individus peuvent atteindre la réalisation spirituelle par l'action désintéressée, dénuée de tout attachement au fruit de leurs actes. À la base, le karma yoga prône l'accomplissement des devoirs avec des intentions pures, sans se laisser influencer par des gains ou des désirs personnels. Il met l'accent sur l'abandon de ses actions à un principe supérieur ou au divin, transcendant ainsi les poursuites motivées par l'ego et favorisant un sentiment d'interconnexion avec l'univers. Par ce chemin transformateur, les individus cherchent à aligner leurs actions sur l'ordre cosmique supérieur, remplissant leurs obligations avec une dévotion et une sincérité inébranlables.

En substance, le karma yoga sert à purifier l'esprit et à cultiver une attitude altruiste et désintéressée envers la vie. Les idées de Vyâsa sur le karma yoga soulignent l'importance primordiale de s'engager de manière désintéressée dans ses devoirs, quelle que soit la nature de la tâche ou son importance perçue. Selon Vyâsa, chaque action, qu'elle soit banale ou extraordinaire, est porteuse d'un potentiel d'évolution spirituelle lorsqu'elle est imprégnée d'un esprit d'altruisme et de dévouement. En accomplissant leurs devoirs sans attachement aux résultats, les individus peuvent élever leur conscience et progresser sur le chemin de la croissance spirituelle.

De plus, le karma yoga inculque la vertu d'empathie et de compassion, encourageant les individus à faire preuve d'empathie envers les expériences des autres et à contribuer au bien-être de la communauté dans son ensemble. Cette approche désintéressée de l'action favorise un environnement d'harmonie et de soutien mutuel, jetant les bases d'une société plus inclusive et bienveillante. Les enseignements de Vyâsa sur le karma yoga transcendent les frontières religieuses, offrant un cadre universel pour mener une vie pleine de sens et pleine de sens où les individus peuvent découvrir le contentement et la paix intérieure, transcendant l'attrait éphémère des activités matérielles.

L'interaction entre le karma et le dharma :

Le dharma, souvent traduit par devoir ou droiture, fournit le cadre éthique et moral dans lequel les individus sont censés agir. Il englobe non seulement les devoirs et responsabilités personnels, mais aussi l'ordre sociétal et cosmique au sens large. En substance, le dharma sert de principe directeur pour une vie juste et pour le maintien de l'harmonie universelle.

Dans le contexte du karma, le dharma joue un rôle crucial dans la détermination de la nature et des conséquences des actes d'une personne. Le concept d'action juste prescrit par le dharma influence l'empreinte karmique qu'un individu accumule à travers ses actes. En alignant ses actions sur les principes du dharma, un individu remplit non seulement ses obligations morales, mais façonne également sa trajectoire karmique de manière positive et constructive.

L'exposé de Vyâsa sur l'interaction entre le karma et le dharma explore en profondeur la conduite éthique et ses répercussions dans le cycle de cause à effet. À travers les enseignements de la Gîtâ, Vyâsa explique l'importance de l'adhésion au dharma tout en accomplissant ses devoirs prescrits, en insistant sur la coexistence harmonieuse de ces deux concepts fondamentaux.

De plus, la Gîtâ explique comment le dharma agit comme une boussole pour guider les individus confrontés aux complexités de la vie, offrant une clarté au milieu des dilemmes moraux et des défis existentiels. Elle souligne l'idée que le respect du dharma conduit à l'accumulation de karma vertueux, façonnant en fin de compte l'évolution spirituelle de l'individu et contribuant à l'ordre cosmique supérieur.

En outre, l'interaction entre le karma et le dharma s'étend au-delà du domaine de la conduite personnelle et englobe la conscience collective de la société. La conduite éthique de chaque individu contribue collectivement au maintien du dharma au sein du tissu social, influençant ainsi la dynamique karmique globale des communautés et des civilisations.

Conséquences et précédents – Comprendre le Samsara :

Le samsara, la nature cyclique de l'existence, imprègne la philosophie hindoue et revêt une importance capitale pour comprendre les conséquences et les précédents du karma. Ce concept plonge dans le cycle éternel de la naissance, de la vie, de la mort et de la renaissance que tous les êtres vivants sont censés subir. Dans le contexte du samsara, chaque action, qu'elle soit physique, mentale ou spirituelle, façonne la trajectoire de l'existence d'un individu au cours de ses vies successives. Les actions positives, guidées par une intention juste et l'altruisme, ouvrent la voie à une trajectoire favorable dans le samsara, menant à l'évolution spirituelle et à la libération finale. Inversement, les actions négatives, motivées par l'ignorance et les désirs égoïstes, perpétuent le cycle de la souffrance et de la renaissance, entraînant un piégeage dans la roue implacable du samsara.

De plus, le samsara nous rappelle avec force l'impermanence et la nature transitoire des plaisirs mondains et des activités matérielles. Il souligne la nature éphémère de l'existence humaine, soulignant la futilité de rechercher l'épanouissement éternel dans des expériences passagères. Grâce à cette compréhension, les individus sont encouragés à transcender l'attrait des plaisirs éphémères et à orienter plutôt leur attention vers la poursuite de la croissance spirituelle, de l'illumination et de la libération du cycle du samsara.

Les enseignements de Vyâsa mettent en lumière le rôle essentiel du samsara dans le cheminement spirituel d'une personne, en lui inculquant un sens de responsabilité pour ses actes et ses décisions. En comprenant les ramifications du samsara, les individus sont poussés vers une vie consciente, une conduite éthique et la culture de vertus qui s'alignent sur la voie du dharma. Cette intégration d'une vie vertueuse avec une compréhension profonde du samsara crée un paradigme transformateur qui propulse les chercheurs vers le but ultime du moksha, la libération du cycle perpétuel de la naissance et de la mort.

En substance, la compréhension du samsara non seulement accroît la conscience des conséquences du karma, mais sert également de catalyseur à l'introspection, favorisant un changement de conscience. Grâce à une compréhension approfondie du samsara, nous pouvons affronter le labyrinthe cosmique des causes et des effets avec discernement, orientant ainsi notre destinée vers le point culminant sublime de l'émancipation spirituelle.

Karma contre Destin :

Dans le débat entre karma et destinée, de nombreuses traditions philosophiques et spirituelles se sont penchées sur la relation entre le libre arbitre et les résultats prédéterminés. Dans le contexte de la Bhagavad-Gîtâ, Vyâsa propose une exploration de cette énigme. Le karma, souvent compris comme la loi de cause à effet, constitue la base des actions individuelles et de leurs conséquences. Il s'agit de l'idée que nos circonstances présentes sont façonnées par nos actes et nos choix passés. Ce concept peut parfois conduire à une vision déterministe de la vie, où les individus se sentent impuissants face au déroulement des événements. Cependant, Vyâsa met en lumière la signification plus profonde du karma, en soulignant le rôle central de l'intention et de l'action consciente dans la formation de notre destinée.

Contrairement aux notions traditionnelles de destin, la Gîtâ élucide l'idée de « karma-phala » ou le fruit de l'action, qui se distingue d'une destinée imposée de l'extérieur. Selon les enseignements de Vyâsa, même si certains événements peuvent être prédéterminés par des forces cosmiques, les individus possèdent la capacité de réagir à ces événements avec discernement et équilibre. Ce point de vue s'aligne sur la notion de karma yoga, selon laquelle on reconnaît l'interdépendance des actions et on accepte la responsabilité de leurs implications morales inhérentes. En cultivant la conscience de soi et la conduite éthique, les individus peuvent transcender les limites du simple destin et participer activement à la co-création du déroulement de leur vie.

De plus, la Gîtâ suggère que l'engagement d'un individu à agir de manière juste peut engendrer un mérite karmique positif, influençant ainsi les résultats futurs. Par la pratique du dharma et la poursuite de la transformation intérieure, on peut façonner son destin avec sagesse et vertu, plutôt que de se résigner à un parcours prédéterminé. Le texte met l'accent sur l'idée que si le destin peut présenter certains défis ou opportunités, c'est en fin de compte la réponse de l'individu à ces circonstances qui détermine la trajectoire de sa vie. Cela résume l'essence des enseignements de la Gîtâ sur le karma, qui affirme la capacité innée de chaque individu à transcender l'emprise des forces déterministes et à créer sa réalité par une vie consciente et vertueuse.

L'analyse de Vyâsa sur le karma par rapport au destin dissipe le mythe d'un destin extérieur immuable et met en évidence le potentiel transformateur de l'action humaine. Elle invite à la réflexion sur l'interaction délicate entre l'ordre cosmique et le choix personnel, guidant les individus vers une compréhension plus profonde de leur rôle dans la formation de leur propre destin.

Le rôle de l'intention dans le cadre éthique du karma :

Selon les enseignements de Vyâsa, les actions ne sont pas seulement jugées par leurs conséquences externes, mais aussi par les motivations qui les sous-tendent. L'intention façonne les implications éthiques du karma, car elle reflète la pureté ou l'impureté de l'état d'esprit d'une personne. Cela correspond à la compréhension selon laquelle le karma ne concerne pas seulement les effets visibles des actions, mais aussi la disposition interne dont ces actions découlent.

Vyâsa explique que l'intention qui se cache derrière une action détermine sa signification karmique. Une intention pure et désintéressée, animée par la compassion et le désir de servir les autres, génère un karma positif, conduisant au progrès spirituel et à la purification intérieure. À l'inverse, les actions ancrées dans l'ego, la cupidité ou la malveillance créent un karma négatif, perpétuant le cycle de la souffrance et de l'enchevêtrement dans l'existence terrestre. Par conséquent, le cadre éthique du karma met l'accent sur la culture d'intentions nobles comme moyen d'élever la conscience individuelle et de contribuer au bien-être collectif de la société.

En outre, Vyâsa approfondit le concept de « karma phala » ou le fruit de l'action, soulignant que la valeur morale d'une action est liée à l'intention sous-jacente plutôt qu'à ses seules conséquences extérieures. Cela souligne la complexité éthique du karma, incitant les individus à s'introspecter profondément avant de s'engager dans une action, en reconnaissant que leurs intentions influencent profondément les répercussions karmiques de ces actions.

Pour faire face aux complexités éthiques du karma, Vyâsa explique l'importance de la conscience de soi et de la pleine conscience. En étant conscients de leurs intentions, les individus peuvent discerner les implications éthiques de leurs actions et faire des choix en accord avec la droiture et la croissance spirituelle. Cette conscience accrue sert de principe directeur pour une conduite éthique, exhortant les individus à évaluer constamment la pureté de leurs intentions et à se réaligner sur des voies vertueuses lorsque cela est nécessaire.

Surmonter l'esclavage du karma grâce à la connaissance :

Le concept de dépassement de l'esclavage du karma par la connaissance s'appuie sur l'idée selon laquelle la véritable compréhension et la sagesse peuvent libérer les individus des enchevêtrements des cycles karmiques. Vyâsa, à travers son interprétation éclairante de la Bhagavad-Gîtâ, souligne le pouvoir transformateur de la connaissance en nous libérant des schémas répétitifs de cause à effet.

La Gîtâ explique que l'ignorance est la cause fondamentale de l'asservissement au karma. Lorsque les individus ne sont pas conscients de la véritable nature du soi et de l'ordre divin, ils se retrouvent pris au piège des actions et de leurs conséquences. Cependant, grâce à la connaissance, on acquiert une compréhension plus claire de la nature éphémère des affaires du monde et de l'essence éternelle du soi, ce qui conduit à un sentiment de détachement des conséquences des actions.

De plus, le texte met en évidence la distinction entre jnana (connaissance) et avidya (ignorance), soulignant que la véritable compréhension naît de la perception de l'unité et de l'interdépendance sous-jacentes de toute existence. Cette prise de conscience permet aux individus de reconnaître leur divinité intrinsèque et de transcender l'impact limitatif des actions passées. En cultivant le discernement et en réalisant la nature illusoire des activités matérielles, les aspirants peuvent progressivement atténuer l'influence contraignante du karma.

Vyâsa souligne le potentiel transformateur de la réalisation de soi, qui permet aux individus d'agir avec équilibre, sans être affectés par les dualités du plaisir et de la douleur, du succès et de l'échec. Grâce à l'assimilation de la connaissance spirituelle, on acquiert la perspicacité nécessaire pour accomplir des actions en accord avec le dharma, sans attachement ni aversion. Cette approche harmonieuse atténue l'accumulation de nouvelles empreintes karmiques et favorise l'harmonie et l'équilibre intérieurs.

De plus, la sagesse transmise dans la Bhagavad-Gîtâ encourage les chercheurs à transcender le cycle des naissances et des morts en transcendant l'influence du karma. En comprenant la nature transitoire du corps physique et en nous identifiant au soi immortel, nous pouvons atteindre la libération du cycle répétitif du samsara. Cette prise de conscience conduit à la dissolution des dettes karmiques, ouvrant la voie à la liberté ultime et à l'union avec le divin.

Chapitre VI
LA DÉVOTION COMME CHEMIN VERS LE DIVIN

Bhakti Yoga et les principes fondamentaux de la dévotion :

Le Bhakti Yoga, souvent appelé le yoga de la dévotion, a un riche passé historique profondément enraciné dans les anciennes traditions spirituelles de l'Inde. Ses origines remontent à la Bhagavad-Gîtâ et aux Védas, où la pratique de l'amour inconditionnel et de la dévotion envers le divin est soulignée comme un moyen puissant d'atteindre la libération spirituelle. Le terme « bhakti » lui-même est dérivé du mot sanskrit signifiant « dévotion » ou « amour », et il englobe une forme de révérence et d'adoration pour le divin.

Le Bhakti Yoga encourage les individus à cultiver un amour profond et inébranlable pour le divin, transcendant les limites du culte rituel et des formalités. Le principe central du Bhakti Yoga est l'expression sincère et sans réserve de l'amour et de l'adoration envers la réalité ultime, qui peut prendre diverses formes en fonction des inclinations et des croyances de chaque individu. Cet amour n'est pas simplement une émotion sentimentale, mais un sentiment d'interdépendance et de dévotion qui imprègne tous les aspects de la vie.

Par un engagement indéfectible envers l'objet de dévotion, les pratiquants cherchent à atteindre l'unité avec le divin et finalement à se libérer du cycle de la naissance et de la mort. Le principe fondamental du Bhakti Yoga repose sur l'idée d'amour désintéressé, dans lequel les dévots offrent leurs actions, leurs pensées et leurs émotions au divin sans aucune attente de gain ou de récompense personnelle. Ce dévouement désintéressé favorise un profond sentiment d'abandon et d'humilité, permettant aux individus de transcender leur ego et de fusionner avec la présence divine.

De plus, la pratique du Bhakti Yoga met l'accent sur l'importance de cultiver des vertus telles que la compassion, la bonté et l'empathie, en étendant l'amour que l'on ressent pour le divin à tous les êtres. Cette expansion de l'amour au-delà des limites de l'identité personnelle favorise un sentiment de connectivité et d'interdépendance universelle, favorisant ainsi une vision du monde harmonieuse et inclusive. Un autre principe fondamental du Bhakti Yoga est l'importance des pratiques spirituelles régulières telles que la prière, le chant et la méditation pour nourrir et renforcer sa dévotion.

Ces pratiques servent à concentrer l'esprit et à élever la conscience, créant ainsi une communion intime avec le divin. De plus, la voie du Bhakti Yoga souligne le pouvoir transformateur de l'amour et de la dévotion, nous guidant pour purifier notre cœur et notre esprit, favorisant ainsi l'harmonie intérieure et la croissance spirituelle.

Le rôle de l'émotion et de l'abandon dans la pratique spirituelle :

Dans la pratique du Bhakti Yoga, le rôle de l'émotion et de l'abandon est essentiel. L'émotion est une force puissante qui propulse le dévot vers une connexion plus profonde avec le divin. C'est par l'expression d'émotions authentiques telles que l'amour, la dévotion et l'adoration que l'on peut véritablement s'abandonner à la volonté du divin. Les émotions agissent comme un carburant qui allume le feu de la dévotion dans le cœur, conduisant le pratiquant sur un chemin d'amour désintéressé et de foi inébranlable. La pratique de l'abandon dans le Bhakti Yoga implique de laisser tomber l'ego et d'embrasser l'humilité, en reconnaissant que le contrôle ultime réside dans les mains du divin. Cet abandon n'est pas un acte de faiblesse, mais plutôt un choix conscient de renoncer à l'illusion du contrôle et de faire confiance à la sagesse du pouvoir supérieur. C'est en libérant ses désirs et ses attachements personnels que le dévot s'ouvre à recevoir la grâce et les bénédictions du divin. La Gîtâ, telle qu'exposée par Vyâsa, met l'accent sur le pouvoir transformateur de l'abandon émotionnel, enseignant que la véritable libération vient du fait d'offrir de tout cœur ses émotions et ses actions au divin sans attachement aux résultats. Grâce au processus d'abandon, l'individu transcende les limites de l'ego et fusionne avec la conscience universelle, faisant l'expérience d'un sentiment d'unité avec le divin. Cet état sublime d'abandon émotionnel conduit à la paix intérieure, à la joie et à un profond sentiment d'interconnexion avec toute la création. En substance, la pratique du Bhakti Yoga encourage le dévot à cultiver une relation sincère avec le divin, permettant aux émotions de servir de pont qui unit l'esprit humain à la source infinie de l'amour et de la compassion.

La relation entre le dévot et le divin :

La relation entre le dévot et le Divin met l'accent sur le lien intime et l'amour qui existe entre un individu et la force cosmique universelle. Dans cette relation sacrée, le dévot perçoit le Divin non pas comme une entité lointaine et abstraite, mais comme une présence personnelle qui répond à sa dévotion et à son amour. Ce lien est caractérisé par une profonde révérence, une confiance et un abandon émotionnel. Le dévot reconnaît l'omniprésence du Divin et cherche à cultiver un sentiment de proximité par la prière, l'adoration et le service désintéressé. Grâce à ce lien nourrissant, le dévot éprouve un sentiment d'interconnexion, trouvant réconfort et inspiration dans la compagnie inébranlable du Divin. De plus, la relation entre le dévot et le Divin est une relation de réciprocité, où le dévot offre une adoration et un service sincères, et le Divin répond avec amour, conseils et grâce. Cette dynamique réciproque favorise un profond sentiment de sécurité et de détermination, renforçant la foi et la dévotion du dévot. De plus, la tradition Bhakti exalte la notion de communion divine, dans laquelle le dévot aspire à l'union avec l'Être suprême, transcendant l'identité individuelle et fusionnant avec l'essence éternelle et illimitée du Divin. Ce désir d'unité absolue engendre une ferveur spirituelle qui pousse le dévot vers la transcendance de soi et la libération des attachements mondains. En fin de compte, la relation entre le dévot et le Divin incarne l'essence de l'amour inconditionnel, soulignant le pouvoir transformateur du Bhakti Yoga en nourrissant une connexion avec la source divine de toute existence.

Étapes de la dévotion :

La dévotion, telle qu'elle est exprimée dans le Bhakti Yoga, est un voyage transformateur qui comprend plusieurs étapes, chacune conduisant le pratiquant plus près de l'état ultime d'amour absolu pour le Divin. L'étape initiale de la dévotion commence souvent par une graine de foi, qui peut être inspirée par l'éducation religieuse, des expériences spirituelles ou l'exposition aux enseignements de sages. Cette foi naissante sert de catalyseur pour une exploration et une pratique plus poussées dans le domaine du Bhakti Yoga.

Au fur et à mesure que l'individu s'enfonce dans la pratique du Bhakti Yoga, la deuxième étape se déroule sous la forme d'un désir intense ou d'une aspiration au Divin. Ce désir alimente le désir du chercheur de se connecter à l'objet de dévotion, prenant souvent la forme de prières sincères, de rituels et d'actes de service dédiés au Divin. Un tel désir fervent devient une force motrice, propulsant le pratiquant sur le chemin de la dévotion.

La troisième étape marque l'épanouissement de l'amour et de l'adoration pour le Divin. À ce stade, le pratiquant transcende les simples pratiques rituelles et commence à cultiver une profonde connexion émotionnelle avec le Divin. Cet amour devient omniprésent, imprègne chaque facette de l'être du dévot et engendre un sentiment d'unité avec le Divin. Un tel amour est inconditionnel, désintéressé et dépourvu de toute attente matérielle ; c'est une pure effusion de la révérence du cœur pour l'essence divine.

L'étape finale représente le sommet de la dévotion : l'amour absolu pour le Divin. À ce stade, le pratiquant fait l'expérience d'une communion inébranlable et extatique avec le Divin, où les frontières entre l'adorateur et l'adoré se dissolvent en une union inséparable. L'amour absolu transcende la dualité du sujet et de l'objet, fusionnant la conscience du dévot avec la conscience divine dans un état d'extase et d'unité sublimes.

Au fil de ces étapes, le Bhakti Yoga propose un chemin structuré mais profondément personnel pour évoluer de l'étincelle initiale de la foi à l'état rayonnant d'amour absolu pour le Divin. Chaque étape offre des défis et des récompenses uniques, nous guidant vers une relation profonde et durable avec le Divin qui imprègne chaque aspect de la vie.

Enseignements de Vyâsa sur la dévotion et l'amour pour Dieu :

Les enseignements de Vyâsa soulignent l'importance de cultiver une dévotion sincère et désintéressée envers le Divin, car c'est par cet amour inébranlable que l'on peut atteindre la véritable libération. Il a expliqué que la véritable bhakti transcende les pratiques rituelles ou les simples affirmations verbales ; elle nécessite une connexion profonde et personnelle avec la présence divine. Les enseignements de Vyâsa soulignent que chaque action, qu'il s'agisse d'activités mondaines ou de rituels sacrés, peut être une belle expression d'amour et de dévouement au Divin lorsqu'elle est accomplie avec un cœur pur. Il a exhorté les individus à imprégner leur vie quotidienne de dévotion, en reconnaissant chaque instant comme une opportunité de nourrir une relation intime avec le Divin. Les idées du sage soulignent que la dévotion ne se limite pas aux murs des temples ou aux lieux de méditation ; elle imprègne chaque aspect de l'existence, illuminant chaque pensée, chaque mot et chaque acte du rayonnement de l'amour divin. Vyâsa a magnifiquement exposé les différentes formes de dévotion, soulignant que l'amour pour le Divin peut se manifester de nombreuses façons : par la prière, la méditation, le service aux autres ou simplement par l'émerveillement devant la beauté de la création. Ses enseignements éclairent l'universalité de la bhakti, affirmant que toutes les expressions sincères d'amour et de révérence conduisent à la même union ultime avec le Divin. De plus, la sagesse de Vyâsa apporte du réconfort à ceux qui font l'expérience des complexités des défis de la vie tout en recherchant une connexion plus profonde avec le Divin. Il a offert des conseils inestimables pour surmonter les doutes, les obstacles et les revers qui peuvent entraver le chemin de la dévotion, en mettant l'accent sur la résilience, la foi et la patience comme des vertus essentielles. En fin de compte, Vyâsa a nourri une compréhension de l'amour comme l'essence de l'existence humaine.

Surmonter les défis sur le chemin de la dévotion :

Dans un monde où règnent la rationalité et les preuves empiriques, il peut être difficile pour les individus d'adhérer pleinement au concept d'amour inconditionnel pour un être divin. Pour surmonter cet obstacle, il faut une profonde introspection, une recherche spirituelle et la culture d'une foi intérieure. De plus, des influences extérieures telles que les pressions sociales, les différents systèmes de croyances et les attentes familiales peuvent créer des obstacles pour ceux qui se consacrent à la pratique du Bhakti Yoga. De plus, l'expérience humaine est parsemée d'épreuves et de tribulations, et les adeptes peuvent rencontrer des difficultés personnelles qui ébranlent les fondements de leur dévotion. La perte d'un être cher, des difficultés financières ou des problèmes de santé peuvent constituer des tests redoutables pour le dévouement d'une personne à la voie du Bhakti. Dans de tels moments, les enseignements de la Bhagavad-Gîtâ offrent réconfort et conseils, soulignant la nécessité d'une confiance inébranlable dans le divin, même au milieu de l'adversité. En fin de compte, surmonter ces défis nécessite une intégration harmonieuse de la foi, de l'autodiscipline et de la pleine conscience dans sa vie quotidienne.

Chapitre VII
DÉTACHEMENT ET LA CROISSANCE SPIRITUELLE

Introduction à Vairagya :

Le détachement, connu sous le nom de Vairagya dans le contexte spirituel, est au cœur de nombreux enseignements spirituels et est souvent considéré comme une condition préalable essentielle pour atteindre la véritable libération et la réalisation de soi. Le concept de détachement s'articule autour de l'idée de renoncer aux attachements, aux désirs et aux aversions du monde, transcendant ainsi l'esprit guidé par l'ego et atteignant un état d'équilibre intérieur. En cultivant le détachement, les individus cherchent à démêler la nature illusoire de l'existence matérielle et à orienter leur conscience vers les aspects éternels et immuables du soi.

Les fondements philosophiques du détachement sont profondément ancrés dans la reconnaissance de la nature transitoire et éphémère des phénomènes du monde. En reconnaissant l'impermanence de tous les biens matériels, de toutes les relations et de toutes les expériences, les praticiens du détachement cherchent à se libérer du cycle incessant d'attachement et d'aversion qui les lie au monde extérieur en constante évolution. Cette compréhension fondamentale de la nature de la réalité sert de catalyseur à la transformation intérieure, car elle incite les individus à rechercher un épanouissement durable au-delà des plaisirs éphémères de la gratification sensorielle et des activités matérielles.

De plus, le détachement ne se limite pas à la renonciation aux possessions matérielles, mais implique également une distanciation psychologique et émotionnelle par rapport au flux incessant des désirs et des émotions. En développant un sentiment de non-attachement aux conséquences de leurs actions et aux aléas de la vie, les aspirants aspirent à atteindre un état de calme et de résilience inébranlables au milieu des bouleversements du monde. Cette stabilité intérieure, née du détachement, permet aux individus d'affronter les complexités de l'existence avec clarté et sang-froid, libérés du fardeau d'enchevêtrements émotionnels excessifs.

Dans la quête de la libération spirituelle, le détachement revêt une importance primordiale car il sert d'antidote efficace à l'illusion de la séparation et de l'individualité. En se débarrassant des couches de fausses identifications et de constructions égoïques, les pratiquants peuvent progressivement découvrir leur unité inhérente avec la conscience universelle. Le détachement devient ainsi un processus transformateur qui conduit les individus vers la réalisation de leur nature essentielle, transcendant les limitations de l'ego et embrassant l'expansion du Soi cosmique. Par conséquent, en comprenant l'interdépendance sous-jacente de tous les êtres et phénomènes, on peut transcender l'illusion de l'isolement et de la fragmentation, pour finalement expérimenter un sentiment d'unité et d'harmonie avec l'existence.

Principes fondamentaux de Vairagya enseignés par Vyâsa :

Vairagya, tel qu'il est exposé par Vyâsa dans la Gîtâ, renferme une compréhension profonde de la psyché humaine et de sa relation avec le monde matériel. Les enseignements de Vyâsa mettent l'accent sur le principe fondamental selon lequel le détachement n'équivaut pas à un renoncement ou à une abstinence des responsabilités matérielles, mais implique plutôt de cultiver un état d'esprit qui ne se laisse pas influencer par le flux et le reflux des désirs et des attachements. Ce principe fondamental est intégré dans la philosophie védique et constitue un aspect essentiel de la sagesse spirituelle de la Gîtâ.

L'approche de Vairagya de Vyâsa souligne l'importance d'équilibrer ses devoirs et ses obligations avec une concentration inébranlable sur le Soi supérieur. Il explique que le véritable détachement n'est pas synonyme d'indifférence ou de détachement ; il nécessite plutôt une conscience aiguë de la nature transitoire des plaisirs du monde et un engagement inébranlable dans la poursuite de la croissance spirituelle. À travers ses enseignements, Vyâsa transmet l'idée que cultiver le détachement est impératif pour transcender les cycles de la naissance et de la mort, conduisant ainsi les individus vers la réalisation de soi et la libération.

De plus, Vyâsa s'intéresse à l'interaction nuancée entre Vairagya et Karma, soulignant que le véritable détachement permet aux individus de s'engager dans une action juste sans être poussés par des désirs ou des envies égoïstes. Cette intrication du détachement avec le concept de Nishkama Karma – action désintéressée dénuée de tout attachement aux résultats – constitue la pierre angulaire du discours de Vyâsa sur la manière de vivre une vie pleine de sens et spirituellement épanouissante.

Aspects émotionnels et psychologiques du détachement :

Le détachement englobe les dimensions émotionnelles et psychologiques qui font partie intégrante de l'évolution spirituelle. D'un point de vue émotionnel, le détachement implique une approche équilibrée des expériences, des relations et des résultats de la vie. Il implique la capacité de reconnaître et d'éprouver des émotions sans leur permettre de dicter nos actions ou notre état d'esprit. Cela ne signifie pas supprimer ou nier les émotions, mais plutôt cultiver une conscience attentive de celles-ci, favorisant ainsi un sentiment d'équanimité.

Sur le plan psychologique, le détachement implique de se libérer de l'emprise incessante des désirs, des attachements et des motivations égoïstes. Grâce à la conscience de soi et à l'introspection, on peut commencer à reconnaître la nature transitoire et illusoire des activités terrestres, libérant ainsi l'esprit des préoccupations excessives liées aux biens matériels ou au statut. Cette facette psychologique du détachement permet un changement de perspective, conduisant à une compréhension plus profonde de soi et de la nature de la réalité. Comme l'a souligné Vyâsa, ce processus permet aux individus de se dégager du réseau des illusions et des fausses identifications, ouvrant ainsi la voie à la clarté intérieure et à la croissance spirituelle.

Les aspects émotionnels et psychologiques du détachement se croisent et s'influencent mutuellement de manière significative. Le détachement émotionnel sert de protection contre le piège des désirs de l'ego, tandis que le détachement psychologique permet aux individus de réguler leurs réponses émotionnelles avec discernement et sagacité. Ensemble, ils forment une synergie harmonieuse qui favorise la sérénité mentale et la résilience. En intégrant ces aspects du détachement dans la vie quotidienne, les individus peuvent cultiver un profond sentiment de paix et de libération, transcendant les vicissitudes du monde extérieur.

Le rôle de la méditation et de la pleine conscience :

La méditation permet de développer une attitude sans jugement envers ses propres expériences, facilitant ainsi la reconnaissance de l'impermanence et de la nature transitoire de tous les phénomènes. En adoptant cette perspective, les pratiquants relâchent progressivement l'emprise de l'attachement, comprenant que s'accrocher à des expériences fugaces ne mène qu'à la souffrance. De plus, les pratiques de pleine conscience permettent aux individus de s'ancrer dans le moment présent, sans être liés aux regrets passés ou aux angoisses futures, ce qui favorise à son tour un sentiment de détachement des circonstances extérieures.

De plus, la méditation permet aux individus d'observer le flux incessant de pensées et d'émotions sans se laisser emporter par elles. En affinant la capacité d'observer ces phénomènes mentaux avec sérénité, les individus développent un détachement des désirs et des aversions incessants de l'ego. Ce détachement permet une perception plus claire de la réalité, débarrassée des préjugés et des attachements personnels.

Les pratiques de pleine conscience encouragent les individus à aborder leurs relations et interactions personnelles avec un sentiment de compassion détachée. En restant ancrés dans le moment présent et en cultivant une conscience impartiale, les praticiens peuvent interagir avec les autres dans un lieu d'empathie authentique, libérés du fardeau des désirs ou des attentes égoïstes. Cela favorise des relations harmonieuses basées sur le respect et la compréhension mutuels, plutôt que sur la dépendance ou la possessivité.

La méditation et la pleine conscience régulières favorisent non seulement le détachement intérieur, mais renforcent également la résilience face aux défis de la vie. En fortifiant l'esprit contre la réactivité et l'impulsivité, les individus développent la capacité de répondre habilement à l'adversité, en reconnaissant que les circonstances extérieures ne doivent pas nécessairement dicter leur état intérieur. Cette résilience découle de la culture du détachement, qui permet aux individus d'affronter les vicissitudes de la vie avec plus d'équanimité et de grâce.

Vairagya et son influence sur les relations personnelles

La pratique de Vairagya, appliquée aux relations personnelles, nous permet d'interagir avec les autres dans un esprit de paix intérieure et de compréhension plutôt que de nous laisser influencer par des fluctuations émotionnelles. En adoptant le détachement, les individus peuvent développer un sens plus profond de compassion et de respect de l'autonomie des autres. De plus, Vairagya nous permet d'éviter de devenir trop attachés ou dépendants de facteurs extérieurs pour notre bonheur, réduisant ainsi le risque de conflit et de souffrance dans les relations. Cette pratique encourage les individus à se concentrer sur la valeur inhérente de leurs relations avec les autres, favorisant des liens authentiques et significatifs, exempts d'attachements égoïstes. En substance, elle nous permet d'aborder les relations personnelles avec un sentiment d'ouverture et d'acceptation, transcendant les limites de l'amour conditionnel et de la possessivité.

Chapitre VIII
LA DISCIPLINE DE L'ESPRIT ET DU CORPS

Introduction au yoga dans la Bhagavad-Gîtâ :

Dans la Bhagavad-Gîtâ, le yoga est présenté comme une méthode permettant d'atteindre l'illumination spirituelle et la réalisation de soi. Dans le texte sacré, le concept de yoga englobe non seulement les postures physiques et le contrôle de la respiration, mais aussi l'union de l'âme individuelle avec la réalité ultime. La Gîtâ élucide diverses voies du yoga qui répondent aux diverses inclinations et tempéraments des individus, offrant un guide complet pour harmoniser le corps, l'esprit et l'âme. En tant qu'aspect fondamental des enseignements de la Gîtâ, le yoga sert de moyen de transcender les limites du monde matériel et de se connecter à l'essence divine intérieure.

Le dialogue entre Krishna et Arjuna expose la sagesse du yoga, en insistant sur le pouvoir transformateur de l'alignement des actions, des émotions et de l'intellect avec la conscience supérieure. De plus, la Gîtâ présente le yoga comme une approche holistique de la vie, englobant des valeurs morales et éthiques qui favorisent la croissance personnelle et l'harmonie sociale. Dans ce contexte, la pratique du yoga s'étend au-delà des limites d'une simple discipline physique, en s'intéressant à la concentration mentale, à l'équilibre émotionnel et à la rectitude morale.

Le contexte historique du yoga remonte à la période védique primitive, où le concept de discipline spirituelle et de réalisation de soi a commencé à prendre forme. Le Rigveda, l'un des plus anciens textes sacrés, contient des hymnes qui font allusion à la pratique du yoga et de la méditation comme moyen de se connecter au divin. Au fil du temps, ces idées fondamentales ont évolué et ont trouvé leur élaboration dans des textes tels que les Upanishads, qui se sont penchés sur la nature de la réalité et du soi. C'est au cours de cette période que les fondements philosophiques du yoga, notamment les concepts de karma, de dharma et de moksha, ont pris de l'importance. L'influence de ces enseignements anciens sur le développement du yoga ne peut être surestimée.

Au fil du temps, diverses écoles de philosophie et de pensée, telles que le Samkhya et le Vedanta, ont contribué à la compréhension multiforme du yoga. La synthèse de ces diverses traditions a abouti à l'articulation systématique du yoga dans des textes tels que les Yoga Sutras de Patanjali, où le chemin du yoga à huit branches (Ashtanga Yoga) a été élucidé. Cette forme classique de yoga mettait l'accent sur les principes éthiques, les postures physiques, le contrôle de la respiration, le retrait sensoriel, la concentration, la méditation et, finalement, l'illumination.

À l'époque moderne, la diffusion du yoga a transcendé les frontières culturelles et a imprégné la conscience mondiale. L'intégration du yoga dans les modes de vie contemporains a donné lieu à diverses interprétations et adaptations, donnant naissance à des pratiques telles que le Hatha Yoga, le Vinyasa Yoga et le Kundalini Yoga. De plus, la recherche scientifique a validé de nombreux bienfaits du yoga, ce qui a conduit à son acceptation généralisée en tant que système holistique pour améliorer le bien-être physique, mental et émotionnel.

Connexion entre le corps et l'esprit – La philosophie du yoga :

Dans la Bhagavad-Gîtâ, le lien entre l'esprit et le corps est souligné comme un aspect essentiel de la croissance spirituelle et de la réalisation de soi. En comprenant la relation entre l'esprit et le corps, les individus peuvent exploiter le pouvoir du yoga pour atteindre l'harmonie physique, mentale et émotionnelle.

Au cœur de cette philosophie se trouve le concept selon lequel notre état mental influence directement notre bien-être physique, et vice versa. La Gîtâ enseigne qu'en cultivant un esprit équilibré et tranquille, on peut cultiver un corps plus sain, tandis qu'un corps sain offre un environnement propice à la clarté mentale et à la paix intérieure. La pratique du yoga encourage les individus à explorer cette interaction à travers diverses techniques, les guidant vers une intégration harmonieuse de l'esprit et du corps.

Les fondements philosophiques du yoga soulignent également l'importance de cultiver la conscience de soi et la pleine conscience. En accordant l'esprit au moment présent et en reconnaissant les sensations dans le corps, les pratiquants apprennent à reconnaître les liens subtils entre leurs pensées, leurs émotions et leurs expériences physiques. Cette conscience accrue favorise une meilleure compréhension de soi et permet aux individus d'affronter la vie avec une plus grande résilience émotionnelle et une plus grande force mentale.

De plus, la philosophie qui sous-tend les pratiques yogiques met l'accent sur le concept de « samatvam » ou d'équanimité, qui favorise un état d'être équilibré quelles que soient les circonstances extérieures. Grâce au yoga, les pratiquants apprennent à maintenir un sentiment de calme au milieu des hauts et des bas de la vie, en acceptant à la fois la joie et les défis avec un sang-froid inébranlable. En fin de compte, la philosophie du yoga offre un cadre holistique permettant aux individus de développer une connexion entre leur esprit et leur corps, conduisant au bien-être général et à l'évolution spirituelle.

Les quatre chemins du yoga :

Le yoga, tel qu'il est exposé dans la Bhagavad-Gîtâ, comprend quatre voies principales, chacune offrant une approche distincte de la réalisation spirituelle et de la découverte de soi. La voie du Karma Yoga met l'accent sur l'action désintéressée et le service comme moyen d'atteindre la pureté intérieure et le détachement des fruits de ses actions. Il enseigne aux individus à s'engager dans leurs devoirs avec dévouement et intégrité, sans s'attacher aux résultats. Cette voie est idéale pour ceux qui sont enclins au travail humanitaire et au service communautaire, en quête de croissance spirituelle par des actes altruistes.

Le Bhakti Yoga, en revanche, est centré sur la dévotion et l'amour du divin. Il encourage les pratiquants à cultiver une connexion émotionnelle profonde et une foi inébranlable en une divinité ou une forme choisie du divin. Par la prière, le culte et les rituels, les adeptes du Bhakti Yoga cherchent à transcender l'ego et à fusionner avec l'essence divine, pour finalement atteindre la libération spirituelle par l'amour pur et inconditionnel. Cette voie convient à ceux qui sont enclins à l'expression émotionnelle et à la dévotion sincère dans leur quête de croissance spirituelle.

Le Raja Yoga, souvent appelé la « Voie Royale », se concentre sur le raffinement systématique de l'esprit et des sens par des pratiques telles que la méditation, la concentration et la discipline mentale. Il propose des techniques complètes pour contrôler les processus de pensée, permettant ainsi d'atteindre le calme intérieur et une conscience accrue. Le Raja Yoga prescrit une approche étape par étape de la maîtrise psychologique, conduisant les pratiquants vers l'introspection et la réalisation de soi. Cette voie convient parfaitement aux personnes ayant une forte inclination vers la discipline mentale et la contemplation introspective dans le cadre de leur cheminement spirituel.

Enfin, le Jnana Yoga, la voie de la sagesse et de la connaissance, s'intéresse à la recherche philosophique et à la compréhension intellectuelle de la nature de la réalité et du soi. Il implique une introspection rigoureuse, une analyse critique et une contemplation des principes fondamentaux de l'existence. Par la poursuite d'une connaissance approfondie et la réalisation de la vérité ultime, les pratiquants du Jnana Yoga cherchent à transcender toutes les dualités et toutes les limitations, pour finalement parvenir à l'union avec la conscience suprême. Cette voie trouve un écho chez ceux qui sont enclins à la recherche d'études et à l'exploration philosophique dans leur quête d'illumination spirituelle.

Asanas :

La pratique des asanas, ou postures physiques, n'est pas seulement un exercice corporel, mais un outil permettant d'aligner le corps physique avec le moi spirituel. Chaque posture est conçue pour créer un état d'équilibre, de force, de souplesse et de concentration mentale qui prépare le pratiquant à des états plus profonds de méditation et de réalisation de soi. Dans le contexte de la Gîtâ, les asanas servent à harmoniser la connexion corps-esprit-âme.

Au fil des siècles, diverses traditions de yoga ont développé des séquences spécifiques d'asanas pour répondre à différents besoins et aspirations. La Gîtâ met l'accent sur la valeur thérapeutique des asanas, en insistant sur leur capacité à soulager les maux physiques et à favoriser le bien-être général. Lorsqu'elle est pratiquée avec pleine conscience et intention, chaque posture devient une opportunité d'incarner les qualités de persévérance, de grâce et d'abandon, qui sont toutes essentielles sur le chemin de la croissance spirituelle.

De plus, les asanas facilitent la libération des tensions physiques et mentales, permettant aux pratiquants de cultiver une conscience accrue du moment présent. Cette conscience accrue ouvre la voie à une compréhension plus profonde de soi et de l'interdépendance de toute existence. En étendant cette conscience à chaque mouvement et à chaque respiration, les pratiquants peuvent transcender les limites de la forme physique et éprouver un sentiment d'unité avec le divin.

Dans la Bhagavad-Gîtâ, le Seigneur Krishna prône la vertu d'accomplir son devoir sans s'attacher aux résultats, un concept connu sous le nom de Nishkama Karma. Les asanas incarnent cette philosophie en encourageant les pratiquants à s'engager dans chaque posture avec un dévouement sans faille, mais sans s'attacher à aucune attente ni à aucun désir. Ce détachement des résultats favorise un sentiment de liberté intérieure et facilite le cheminement vers la réalisation de soi.

Pranayama :

Le pranayama, la pratique du contrôle de la respiration, joue un rôle essentiel dans la tradition yogique décrite dans la Bhagavad-Gîtâ. En régulant la respiration, les praticiens cherchent à harmoniser le corps, l'esprit et l'âme, ce qui conduit finalement à une clarté mentale et à une vitalité accrue. Cette discipline ancienne implique une série d'exercices de respiration rythmique qui peuvent avoir un impact profond sur le bien-être et l'évolution spirituelle d'une personne.

La Gîtâ met l'accent sur le pranayama comme moyen de calmer les fluctuations de l'esprit, favorisant la paix intérieure et une conscience accrue. En manipulant consciemment la respiration, les individus peuvent puiser dans leur force vitale ou prana, la canaliser pour éliminer les blocages et favoriser l'équilibre général. L'art du pranayama s'étend au-delà de la simple inspiration et expiration, englobant diverses techniques telles que la respiration alternée par les narines, le kapalabhati et la respiration ujjayi. Chaque méthode sert des objectifs distincts, allant de la dynamisation du système à l'apaisement de l'esprit et au développement de la pleine conscience.

Les effets du pranayama sur le bien-être physique et mental ont été confirmés par la recherche scientifique moderne, validant son rôle dans la réduction du stress, l'amélioration des fonctions cognitives et le renforcement de la résilience émotionnelle. De plus, la Bhagavad-Gîtâ expose le pranayama comme un outil transformateur pour la maîtrise de soi, permettant aux individus de transcender les limites de l'ego et de se connecter à leur conscience supérieure.

Dans le cadre de l'approche holistique du yoga, le pranayama permet aux pratiquants de se confronter au paysage intérieur, de découvrir une compréhension plus profonde de soi et de l'interdépendance de toute existence. C'est grâce à une pratique disciplinée du pranayama que les individus peuvent accéder à un état de tranquillité et inaugurer une clarté mentale, préparant ainsi le terrain pour des étapes avancées de méditation et de réalisation de soi.

Méditation :

La méditation, qui puise ses racines dans la sagesse ancestrale de la tradition védique, est considérée comme un outil transformateur qui permet aux individus de se connecter à leur véritable moi et à l'essence divine qui est en eux. La pratique de la méditation implique de cultiver un état de concentration, permettant à l'esprit de transcender sa nature agitée et d'entrer dans un état de sérénité. En calmant le bavardage incessant de l'esprit, les pratiquants peuvent découvrir un sentiment de paix intérieure et de clarté qui sert de base à la croissance spirituelle.

La Bhagavad-Gîtâ souligne que la méditation régulière permet d'aligner les pensées, les émotions et les actions sur des principes supérieurs, favorisant ainsi un sentiment d'équilibre et de sens dans la vie. De plus, la méditation facilite la dissolution des obstacles et des distractions mentales, ouvrant la voie à la réalisation de soi et à la compréhension de la nature de la réalité. Les Écritures élucident diverses techniques de méditation, allant de l'attention focalisée sur des objets ou des mantras spécifiques à la pratique de la pleine conscience et de la contemplation. Chaque méthode vise à guider le pratiquant vers un état de conscience accrue et d'unité avec le divin.

D'autre part, la Bhagavad-Gîtâ explique que les bienfaits de la méditation vont au-delà du calme et de la clarté mentale, englobant le bien-être physique et la résilience émotionnelle. En approfondissant les domaines de la méditation, les individus cultivent un sentiment d'empathie, de compassion et d'interconnexion avec tous les êtres, entretenant une relation harmonieuse avec le monde qui les entoure.

Yamas et Niyamas :

Les Yamas, les disciplines éthiques, et les Niyamas, les observances, constituent la base d'une vie équilibrée et harmonieuse. Les Yamas englobent les contraintes morales, favorisant l'intégrité et la droiture dans la conduite de chacun. Ils se composent de cinq principes : Ahimsa (non-violence), Satya (véracité), Asteya (non-vol), Brahmacharya (chasteté ou maîtrise de soi) et Aparigraha (non-possessivité). Ces principes guident les individus dans leurs interactions avec les autres et le monde, en mettant l'accent sur la compassion, l'honnêteté et le respect de soi-même et des autres. De plus, les

Niyamas se concentrent sur les observances personnelles et l'autodiscipline, favorisant une pratique de réflexion intérieure. Les cinq Niyamas comprennent Saucha (pureté), Santosha (contentement), Tapas (discipline), Svadhyaya (étude de soi) et Ishvara Pranidhana (soumission à une puissance supérieure). Ces Niyamas encouragent les individus à purifier leur corps et leur esprit, à cultiver la gratitude et l'acceptation, à développer l'autodiscipline, à s'engager dans l'introspection par l'étude et la contemplation, et à abandonner l'ego à une source supérieure. En intégrant les Yamas et les Niyamas dans leur vie quotidienne, les individus peuvent s'efforcer d'atteindre un équilibre intérieur et extérieur, conduisant à la croissance spirituelle et à la réalisation de soi. La compréhension et l'incarnation de ces principes éthiques contribuent au développement holistique d'un individu, favorisant les vertus propices au bien-être personnel et à l'harmonie sociale. Adopter les Yamas et les Niyamas permet aux individus d'aligner leurs actions et leurs attitudes sur des valeurs qui favorisent un mode de vie plus compatissant, intégré et déterminé.

Le but ultime - L'union avec le Soi par le yoga :

Le but ultime du yoga est d'atteindre l'union avec soi-même, ou la réalisation de sa véritable nature. La Gîtâ prône la voie du yoga comme un moyen de transcender les limites du corps physique et de l'esprit, et de se connecter à la conscience supérieure qui imprègne toute existence. À la base, la pratique du yoga est un voyage vers la réalisation de soi, menant à un sentiment de paix intérieure, d'harmonie et d'épanouissement spirituel. Le concept d'union, ou « yoga », signifie l'alignement du soi individuel avec le soi universel, la reconnaissance de l'interdépendance de toute vie et l'expérience de l'unité avec le divin.

En cultivant l'autodiscipline, l'équilibre émotionnel et la clarté mentale, les pratiquants du yoga s'efforcent de dissoudre les illusions de la séparation et de l'ego, et de s'éveiller à l'unité essentielle qui sous-tend toute la création. Cet état d'union, connu sous le nom de « Samadhi », représente le sommet de l'évolution spirituelle et la réalisation de la vérité la plus élevée. La Gîtâ souligne que cette union ne se limite pas au domaine physique ou intellectuel, mais englobe l'intégralité de l'être, englobant le corps, l'esprit et l'âme. La poursuite de ce but ultime implique l'intégration de diverses pratiques yogiques, notamment une vie éthique, un service désintéressé, la méditation et la contemplation.

En s'engageant dans ces disciplines transformatrices, les individus peuvent progressivement purifier les couches de leur conscience, s'alignant plus étroitement avec l'essence divine qui réside en eux. En fin de compte, l'union avec le soi par le yoga conduit à la libération du cycle de la naissance et de la mort, connu sous le nom de Samsara, et à un profond sentiment d'interconnexion avec l'ordre cosmique.

Chapitre IX
LA NATURE DU DIVIN

Brahman - La Réalité Ultime :

Brahman représente la réalité ultime qui sous-tend et transcende le cosmos tout entier. Parmi les diverses conceptualisations du divin, Brahman détient un statut unique en tant qu'essence non manifestée, sans forme et infinie d'où émane toute existence. Ce concept plonge dans le substrat de la réalité qui se trouve au-delà du monde phénoménal, fournissant un cadre pour comprendre l'interdépendance de tous les êtres et l'unité sous-jacente qui imprègne la création. Pour définir Brahman, il est essentiel de reconnaître sa transcendance inhérente, son omniprésence et sa nature éternelle. Il se présente comme le principe fondateur qui soutient l'ordre cosmique, englobant à la fois l'immanence et la transcendance dans sa nature divine.

Le portrait que Vyâsa fait de Brahman met l'accent sur la nature ineffable et incompréhensible de cette réalité ultime, cherchant à élucider sa signification dans la poursuite de l'illumination spirituelle. Le concept de Brahman englobe également l'idée de Sat-Chit-Ananda, signifiant l'existence, la conscience et la félicité, qui forment les qualités intrinsèques de la réalité ultime. En outre, la notion de Brahman s'étend au-delà des conceptions anthropomorphiques de la divinité, invitant les individus à transcender les constructions mentales limitées et à percevoir le divin dans sa forme la plus expansive. Cette vision cosmique de Brahman remet en question les conceptions conventionnelles du divin, pointant vers une réalité qui transcende les dualités et les limitations. En explorant le réseau de discours philosophiques entourant Brahman, les lecteurs sont invités à contempler les mystères les plus profonds de l'existence et à rechercher la communion avec l'ineffable. De plus, le concept de Brahman sert de lumière directrice à ceux qui sont sur le chemin de la réalisation de soi, offrant un point focal transcendant autour duquel tout le voyage spirituel tourne.

Grâce à une exploration nuancée de Brahman, les individus sont encouragés à cultiver une conscience accrue de la réalité ultime, guidant leurs pensées et leurs actions vers l'alignement avec l'harmonie cosmique. L'adoption de la notion de Brahman engendre un changement de perspective transformateur, illuminant l'interdépendance de toute vie et favorisant un sentiment de révérence pour l'essence divine imprégnant l'univers. Alors que les chercheurs plongent dans les profondeurs des enseignements de Vyâsa sur Brahman, ils sont invités à démêler les vérités cachées dans le tissu de l'existence, dévoilant finalement la source primordiale d'où toute création émerge.

Nirguna et Saguna - Les Attributs du Divin :

Dans la philosophie hindoue, le concept du divin est souvent exploré à travers le prisme de Nirguna et de Saguna Brahman. Nirguna Brahman fait référence à l'aspect sans forme et sans attribut de la réalité ultime, tandis que Saguna Brahman représente le divin avec des attributs et des qualités. Ces deux aspects offrent une compréhension globale de la nature du divin et de ses manifestations dans le monde.

Nirguna Brahman transcende toutes les formes et toutes les caractéristiques, et existe au-delà de la compréhension humaine. Il est souvent décrit comme la réalité illimitée et non manifestée qui sous-tend toute la création. Cet aspect met l'accent sur la nature ineffable et infinie du divin, incitant les individus à regarder au-delà du tangible et à rechercher une connexion plus profonde avec la vérité non manifestée. Par la méditation et l'introspection, les chercheurs s'efforcent de réaliser la nature sans forme de Nirguna Brahman, en reconnaissant qu'elle ne peut être confinée à une quelconque construction physique ou mentale.

D'autre part, Saguna Brahman incarne les attributs et les qualités divines accessibles à la compréhension humaine. Il est présenté comme la manifestation personnelle de la réalité ultime, souvent représentée par diverses divinités et formes divines. En attribuant des qualités telles que la compassion, la sagesse et le pouvoir à Saguna Brahman, les individus peuvent établir une connexion plus intime et plus proche du divin. Le culte et la dévotion dirigés vers des divinités spécifiques dans l'hindouisme illustrent la révérence pour l'aspect Saguna de Brahman, permettant aux pratiquants de cultiver une relation avec le divin qui correspond à leurs inclinations et aspirations individuelles.

Les enseignements de Vyâsa dans la Bhagavad-Gîtâ mettent en lumière la coexistence des aspects Nirguna et Saguna au sein du divin. Il met l'accent sur la nature transcendantale de Nirguna Brahman tout en reconnaissant l'importance de Saguna Brahman pour faciliter une connexion tangible entre l'âme individuelle et le divin. La notion d'équilibre entre ces deux aspects sert de principe fondamental dans l'expérience du voyage spirituel, encourageant les chercheurs à reconnaître l'essence sans forme tout en embrassant les expressions personnalisées du divin.

L'exploration du Nirguna et du Saguna Brahman souligne la richesse et la complexité de la nature divine, offrant aux pratiquants divers chemins pour entrer en résonance avec la réalité ultime. Que ce soit par la contemplation de l'absolu sans forme ou par la dévotion à des divinités aux attributs distincts, nous sommes confrontés à un spectre dynamique de manifestations divines qui s'adaptent à diverses inclinations spirituelles et perspectives philosophiques.

La relation entre l'âme individuelle et Brahman :

Selon Vyâsa, l'âme individuelle, ou Atman, est reliée à Brahman, la réalité ultime. Le concept d'unité Atman-Brahman constitue la pierre angulaire du Vedanta et constitue un principe fondamental pour comprendre la nature de l'existence et de la libération. Vyâsa explique cette relation en expliquant que chaque être vivant est, à la base, une expression de Brahman. L'âme individuelle n'est pas séparée du divin, mais plutôt une manifestation de celui-ci. Cette interconnexion implique que chaque individu porte en lui l'essence de Brahman, bien que souvent obscurcie par l'ignorance et les enchevêtrements du monde. Vyâsa souligne l'importance de réaliser cette connexion inhérente comme moyen de transcender le cycle de la naissance et de la mort et d'atteindre la libération spirituelle. Grâce à la réalisation de soi et à la compréhension de la nature éternelle de l'âme, on peut faire l'expérience du lien indestructible avec Brahman. De plus, Vyâsa explique que les limites et la nature transitoire du monde matériel sont illusoires, et que c'est en reconnaissant l'essence immortelle de l'âme comme partie de Brahman que l'on peut atteindre la véritable liberté. La relation entre l'âme individuelle et Brahman devient ainsi essentielle dans la quête de l'illumination spirituelle. Les enseignements de Vyâsa soulignent l'importance de l'introspection, de la contemplation et de la réalisation de la présence divine en soi. Cette connexion offre réconfort et but, guidant les individus sur leur chemin vers la découverte de soi et l'union ultime avec Brahman.

La perspective philosophique de Vyâsa sur Brahman :

La représentation de Brahman par Vyâsa résume la nature transcendante, immanente et omnipotente du divin. Selon lui, Brahman n'est pas simplement un concept abstrait, mais l'essence fondamentale d'où émane toute existence. La perspective philosophique de Vyâsa sur Brahman va au-delà du discours intellectuel ; elle s'intéresse à l'aspect expérimental de la réalisation de la présence divine dans chaque aspect de la création.

Vyâsa explique que l'âme individuelle est interconnectée avec Brahman. Il explique que la reconnaissance de cette relation intrinsèque est essentielle pour atteindre l'illumination spirituelle et la libération du cycle de la naissance et de la mort. Vyâsa souligne que la compréhension de Brahman ne se limite pas à la compréhension intellectuelle mais nécessite un voyage introspectif profond pour dévoiler la vraie nature de la réalité. La perspective de Vyâsa met l'accent sur la nature omniprésente de Brahman, illustrant que l'essence divine imprègne chaque facette de l'univers.

Par son exposé philosophique, Vyâsa s'efforce de guider les chercheurs vers la reconnaissance de l'unité sous-jacente derrière la multiplicité des phénomènes. De plus, la perspective de Vyâsa sur Brahman sert de guide pour comprendre l'interaction entre les aspects transcendants et immanents du divin en relation avec l'existence humaine et le cosmos. Les idées philosophiques de Vyâsa sur Brahman invitent les individus à transcender les limites de l'existence matérielle et à élever leur conscience pour percevoir l'essence sublime de la réalité. De plus, la perspective de Vyâsa fait ressortir l'interdépendance de tous les êtres avec Brahman, soulignant l'équilibre harmonieux qui existe au sein de l'ordre cosmique.

Brahman en relation avec la nature et l'univers :

Brahman, tel que le conçoit Vyâsa, est étroitement lié au concept de nature et d'univers. Dans la Bhagavad-Gîtâ, la description de Brahman met l'accent sur son omniprésence et sa nature englobante, suggérant qu'il transcende le monde matériel tout en se manifestant simultanément en son sein. Selon sa perspective philosophique, Brahman n'est pas confiné à un lieu ou à une forme spécifique, mais imprègne tous les aspects du cosmos.

L'interdépendance de Brahman avec la nature et l'univers souligne la relation dynamique et symbiotique entre les domaines transcendantal et empirique. Vyâsa explique que l'ordre cosmique et le monde naturel sont des manifestations de Brahman, reflétant sa présence immanente et l'harmonie innée sous-jacente à toute création. De plus, les schémas cycliques observés dans l'univers, tels que les saisons, le mouvement des corps célestes et le flux et le reflux de la vie, sont soulignés comme des expressions de la danse cosmique de Brahman, signifiant le flux et le rythme perpétuels inhérents au cosmos.

La représentation de Brahman par Vyâsa en relation avec la nature invite à la contemplation de l'interdépendance de toute existence et souligne le caractère sacré du monde naturel. Elle encourage l'introspection dans les couches les plus profondes de la réalité et invite les individus à reconnaître l'essence divine qui imprègne chaque facette de l'existence. De plus, cette perspective philosophique favorise un profond respect de l'environnement et inspire une approche holistique de la vie en harmonie avec la nature.

Chapitre X
LA MAÎTRISE DE SOI

La psychologie des désirs et des émotions :

Dans le contexte de la maîtrise de soi et de ses désirs et émotions, il est impératif de se pencher sur la psychologie qui sous-tend ces aspects fondamentaux de la nature humaine. Les désirs et les émotions forment la trame de notre monde intérieur, orientant nos pensées, nos décisions et nos actions.

Les désirs, tels que décrits dans la Gîtâ, naissent des sens et de l'esprit. Ils conduisent souvent les individus à une quête incessante de satisfaction matérielle, provoquant un attachement et un enchevêtrement dans le monde extérieur. Les émotions, en revanche, sont l'expression de notre paysage intérieur, allant de la joie et de la compassion à la colère et au chagrin. Les désirs comme les émotions peuvent obscurcir l'esprit, conduisant à des réactions impulsives et à des choix malavisés.

D'un point de vue psychologique, les désirs et les émotions sont étroitement liés aux processus cognitifs, influençant profondément nos perceptions et nos réactions. Il est essentiel de comprendre l'interaction entre les désirs, les émotions et la cognition pour maîtriser la maîtrise de soi. En reconnaissant les déclencheurs et les schémas qui sous-tendent nos désirs et nos émotions, les individus peuvent développer une meilleure conscience de leurs états internes, ouvrant la voie à une action éclairée et réfléchie.

La Gîtâ décrit également l'impact des désirs et des émotions sur l'intellect, soulignant leur potentiel à perturber la clarté et le discernement. Les désirs incontrôlés et les émotions turbulentes peuvent obscurcir la compréhension, altérer le jugement et entraver la poursuite d'objectifs plus élevés. Cette interaction entre les désirs, les émotions et l'intellect souligne l'importance de cultiver la maîtrise de soi comme moyen de transcender ces complexités psychologiques. En outre, la Gîtâ expose le rôle des désirs et des émotions dans le cycle du karma, soulignant leur lien avec les actions et leurs conséquences ultérieures.

Rôle de la méditation dans l'autorégulation :

La méditation est une passerelle vers l'autorégulation en fournissant aux individus les outils nécessaires pour cultiver la conscience, la résilience émotionnelle et la maîtrise de l'esprit. La pratique de la méditation, telle qu'exposée dans la Bhagavad-Gîtâ, permet aux individus d'observer leurs pensées et leurs émotions sans attachement ni aversion, favorisant ainsi la capacité de répondre plutôt que de réagir aux stimuli internes et externes. Grâce à l'attention focalisée et à l'introspection offertes par la méditation, les pratiquants acquièrent une meilleure compréhension de la nature de leurs désirs et de leurs émotions, ce qui conduit à une capacité accrue de maîtrise de soi.

La sagesse de la Gîtâ souligne l'importance des pratiques méditatives telles que le dhyana (la contemplation) et le pranayama (le contrôle de la respiration) pour affiner sa capacité à transcender l'influence des désirs fugaces et des émotions impulsives. En cultivant un état mental serein grâce à la méditation régulière, les individus peuvent progressivement reprogrammer les voies neuronales associées à l'impulsivité et à la réactivité, favorisant ainsi un sentiment d'équilibre intérieur et de stabilité émotionnelle. Ce processus de transformation permet aux praticiens de modérer leurs réponses à divers déclencheurs situationnels, alignant leurs actions sur leurs valeurs et principes supérieurs.

De plus, le rôle de la méditation dans l'autorégulation s'étend au-delà du domaine du bien-être individuel pour englober le concept plus large de dharma, ou devoir juste. Comme l'explique la Gîtâ, la cultivation de la maîtrise de soi par la méditation permet aux individus de discerner leur svadharma (devoir personnel) et de s'y tenir fermement, quelles que soient les circonstances extérieures. En adoptant la méditation comme moyen d'autorégulation, les individus sont mieux équipés pour faire face aux dilemmes éthiques et assumer leurs responsabilités morales avec une détermination et une clarté inébranlables. Cette intégration de l'autorégulation et du dharma favorise non seulement la croissance personnelle, mais contribue également au fonctionnement harmonieux de la société dans son ensemble.

La maîtrise de soi et son influence sur le Dharma :

La maîtrise de soi, un aspect fondamental du caractère humain, joue un rôle crucial dans le maintien du dharma (le devoir juste ou l'ordre moral) dans le contexte de la Bhagavad-Gîtâ. Le concept de maîtrise de soi, connu sous le nom de « Dama » en sanskrit, englobe la capacité à réguler ses pensées, ses désirs et ses actions en accord avec les principes vertueux et la conduite éthique. Dans la Gîtâ, le Seigneur Krishna transmet sa sagesse sur la façon dont la maîtrise de soi influence l'adhésion au dharma et son importance pour mener une vie pleine de sens.

La maîtrise de soi est étroitement liée au dharma, car elle offre aux individus la force de résister aux tentations qui peuvent les éloigner de leurs devoirs et responsabilités légitimes. Grâce à l'autodiscipline, les individus peuvent cultiver la force intérieure nécessaire pour faire face à des dilemmes moraux complexes et prendre des décisions qui soutiennent la droiture. La Gîtâ souligne que la pratique de la maîtrise de soi permet aux individus d'agir en harmonie avec le dharma, favorisant ainsi une société harmonieuse et juste.

De plus, la maîtrise de soi sert de catalyseur au service désintéressé et à la conduite éthique, deux piliers du dharma élucidés dans la Gîtâ. En faisant preuve de retenue face à ses instincts vils et à ses désirs matériels, l'individu peut exploiter son potentiel intérieur pour servir le bien commun sans rechercher de gain personnel. Cette corrélation entre maîtrise de soi et dharma souligne le pouvoir transformateur de la maîtrise de ses impulsions au service des autres, favorisant ainsi un environnement de compassion et de bien-être collectif.

Dans la quête du dharma, la maîtrise de soi contribue au développement de l'intégrité, de l'honneur et de la responsabilité. Elle permet aux individus de remplir leurs obligations avec un engagement indéfectible, quelles que soient les influences ou les adversités extérieures. La pratique de la maîtrise de soi s'aligne sur les enseignements de la Gîtâ sur l'action juste (karma), inculquant un sentiment de maîtrise de soi qui permet aux individus de donner la priorité au devoir sur les désirs personnels, préservant ainsi le tissu moral de la société.

La corrélation entre maîtrise de soi et dharma s'étend au-delà de la conduite individuelle pour englober le leadership et la gouvernance. Les dirigeants efficaces incarnent la maîtrise de soi et agissent en tant que gardiens du dharma, guidant par l'exemple et inspirant les autres à incarner des qualités vertueuses. Leur incarnation de la maîtrise de soi favorise la confiance, la stabilité et une gouvernance équitable, favorisant la cohésion sociale et le progrès éthique au sein de la communauté.

Chapitre XI
LA SOUFFRANCE

Présentation de Duhkha :

Duhkha, un concept essentiel de la Bhagavad-Gîtâ, résume la compréhension de la souffrance et du mécontentement humains. La Gîtâ explore en profondeur la nature de l'existence et reconnaît qu'un sentiment de malaise et d'insatisfaction est inhérent à la condition humaine. Cette reconnaissance sert de guide aux personnes qui cherchent à comprendre et à transcender les défis de la vie. À travers une optique philosophique, la Gîtâ nous invite à contempler la vérité universelle selon laquelle aucune existence mortelle n'est exempte de duhkha, quelles que soient les circonstances extérieures. En reconnaissant le duhkha comme un aspect intrinsèque de l'expérience humaine, la Gîtâ ouvre la voie à un voyage transformateur vers la réalisation de soi et la paix intérieure. À mesure que nous avançons à travers les couches du duhkha, la Gîtâ offre une opportunité d'introspection et de croissance spirituelle, offrant des aperçus de la condition humaine. En comprenant l'essence du duhkha, les individus sont habilités à cultiver une plus grande compassion et une plus grande empathie pour eux-mêmes et pour les autres, favorisant une connexion plus profonde avec le tissu universel de l'existence.

L'esprit comme source de souffrance :

Dans la Gîtâ, le concept de l'esprit ne se limite pas à l'organe physique situé dans notre crâne, mais englobe l'ensemble de nos pensées, de nos émotions et de notre conscience. C'est le siège de nos désirs, de nos peurs et de nos attachements, il guide nos actions et façonne notre perception du monde. Cependant, il est aussi le catalyseur d'une grande partie de notre angoisse et de notre détresse. L'esprit fluctue constamment, accablé par le passé et anxieux face à l'avenir, ce qui conduit à un cycle sans fin de troubles émotionnels et d'angoisse mentale. Si on ne le contrôle pas, l'esprit peut devenir une source redoutable de souffrance, perpétuant des sentiments de mécontentement, d'insécurité et de malaise. La Gîtâ enseigne que la maîtrise de l'esprit est essentielle pour transcender la souffrance. En prenant le contrôle du bavardage incessant et de la nature tumultueuse de l'esprit, les individus peuvent trouver la paix intérieure et se libérer des afflictions de l'existence. De plus, la Gîtâ souligne que l'esprit, s'il n'est pas discipliné, peut égarer les individus, obscurcir leur jugement et entraver leur croissance spirituelle. C'est en développant la force mentale et la résilience que l'on peut commencer à soulager la souffrance inhérente aux fluctuations de l'esprit. Les enseignements de la Gîtâ nous encouragent à plonger profondément dans l'introspection et la réflexion sur nous-mêmes, à comprendre le fonctionnement de l'esprit et son impact sur la souffrance personnelle. En cultivant la pleine conscience et la conscience, nous pouvons progressivement nous libérer du réseau des afflictions mentales, favorisant un état d'équanimité et de sérénité au milieu des défis incessants de la vie.

Le rôle du désir :

Le désir est intimement lié à l'expérience humaine et joue un rôle important dans la manifestation de la souffrance. C'est par le désir que se forme l'attachement, qui conduit à toute une série d'afflictions émotionnelles et mentales. Les désirs sont les graines d'où naissent les attentes, et lorsque ces attentes ne sont pas satisfaites, la souffrance s'ensuit. La Gîtâ explique que les attachements nés des désirs perpétuent un cycle de désir, de mécontentement et d'angoisse. Qu'il s'agisse d'attachement aux biens matériels, aux relations ou même à son propre ego, ces attachements sont souvent la cause profonde de nombreuses souffrances humaines. Ils créent un désir constant de quelque chose d'extérieur qui apporte le contentement, piégeant ainsi les individus dans une quête incessante d'accomplissement.

Le texte souligne que la nature du désir est insatiable, donnant lieu à une quête continue de satisfaction qui aboutit finalement à la douleur et au chagrin. De plus, la Gîtâ nous éclaire sur la nature transitoire des objets et des expériences matérielles, affirmant que s'accrocher à des entités impermanentes conduit inévitablement à la déception et à la détresse. L'interaction entre le désir, l'attachement et la souffrance est présentée comme un dilemme psychologique et spirituel, offrant des informations précieuses sur les causes sous-jacentes des tribulations humaines. Reconnaissant les effets néfastes des désirs incontrôlés, les Écritures préconisent la culture du détachement comme antidote transformateur à l'affliction de la souffrance.

Grâce au détachement, on apprend à se libérer progressivement de l'attraction incessante des désirs et des attachements qui en résultent, favorisant ainsi un état d'équilibre intérieur. La Gîtâ postule que le détachement engendre la libération des fluctuations de la joie et de la tristesse, permettant aux individus d'affronter les expériences de la vie sans être pris au piège des chaînes de l'attachement. En se libérant de l'emprise des désirs, on peut atteindre un sentiment de libération du tumulte provoqué par des attentes insatisfaites et des plaisirs éphémères. Le véritable contentement naît du détachement, qui permet aux individus de transcender le cycle des désirs sans fin et la souffrance qu'ils entraînent.

Surmonter la souffrance par le détachement :

Le détachement, tel qu'il est expliqué dans la Gîtâ, implique la capacité de maintenir un état d'esprit équilibré et serein, indépendamment du flux et du reflux inévitables des joies et des peines de la vie. En se détachant des conséquences de ses actes et en renonçant à l'emprise d'un attachement excessif aux biens matériels ou aux relations, on peut transcender les fluctuations du plaisir et de la douleur. Ce détachement ne dénote pas l'apathie ou l'indifférence, mais plutôt une attitude de non-attachement, permettant une perception plus claire et une réponse plus compatissante aux défis de la vie.

La Gîtâ met l'accent sur le concept de « Nishkama Karma » - l'action désintéressée accomplie sans attachement aux fruits du travail. Lorsque les individus s'engagent dans leurs devoirs avec un esprit de détachement, ils sont libérés des agitations causées par le succès ou l'échec, les éloges ou les critiques. Cette liberté intérieure par rapport aux fluctuations du monde extérieur conduit à un équilibre harmonieux, leur permettant d'affronter les circonstances difficiles avec équanimité et résilience.

De plus, cultiver le détachement permet aux individus d'accepter le changement et l'incertitude sans succomber à la détresse. Cela favorise la compréhension que tout dans le monde matériel est impermanent et que s'accrocher aux aspects transitoires de l'existence mène inévitablement à la frustration et à l'angoisse. Grâce au détachement, les individus reconnaissent que le véritable bonheur et le contentement découlent d'une connexion inébranlable à l'essence éternelle et immuable qui est en eux, plutôt que de stimuli extérieurs fugaces.

La pratique du détachement joue également un rôle essentiel dans l'atténuation des conflits interpersonnels et des turbulences émotionnelles. En renonçant à la possessivité et aux désirs égocentriques, les individus cultivent un environnement de respect et de compréhension mutuels dans leurs relations. Ils deviennent experts dans la reconnaissance de l'autonomie et du parcours individuel des autres, atténuant ainsi le risque de déception et de ressentiment lorsque les attentes ne sont pas satisfaites.

Le chemin de la connaissance de soi et le soulagement de Duhkha :

La connaissance de soi, ou Atma Jnana, est au cœur des enseignements de la Gîtâ sur l'atténuation de la souffrance. En plongeant dans les profondeurs de son être, l'individu acquiert une vision de la nature transitoire du monde matériel et de l'essence éternelle du Soi. Cette prise de conscience favorise un sentiment de détachement des circonstances extérieures et facilite une résilience accrue face à l'adversité.

De plus, la Gîtâ souligne l'importance d'aligner ses actions sur un objectif supérieur afin de transcender la souffrance. La recherche d'un service désintéressé et d'une conduite juste, comme le préconise la Gîtâ, contribue au développement d'une psyché harmonieuse et équilibrée, réduisant ainsi l'impact de Duhkha sur la vie d'un individu.

Le soulagement de la souffrance par la connaissance de soi implique également une compréhension profonde de l'interdépendance de tous les êtres. La Gîtâ élucide le concept d'unité, enseignant que chaque entité vivante fait partie d'un tout unifié. En reconnaissant cette interdépendance fondamentale, les individus cultivent l'empathie, la compassion et une perspective plus large, atténuant ainsi leur propre souffrance et contribuant au bien-être des autres.

lA Gîtâ considère la pratique de la pleine conscience et du calme mental comme des composantes essentielles de la connaissance de soi. En cultivant un état d'esprit méditatif, les individus développent la capacité d'observer leurs pensées et leurs émotions sans attachement, maîtrisant ainsi les fluctuations de l'esprit et réduisant l'impact des états mentaux négatifs.

Rôle de l'action :

La souffrance est un aspect inhérent à l'existence humaine. Elle se manifeste sous diverses formes, allant des troubles physiques à la détresse émotionnelle et aux bouleversements spirituels. Si la souffrance peut sembler être un obstacle insurmontable, la Gîtâ nous donne un aperçu du pouvoir transformateur de l'action pour expérimenter et finalement transcender ces tribulations. L'action, ou karma, est présentée comme un outil puissant non seulement pour faire face à la souffrance, mais aussi pour exploiter son potentiel de croissance personnelle et spirituelle.

La Gîtâ souligne que nos réponses à l'adversité jouent un rôle essentiel dans la construction de notre destinée. Au lieu de succomber au désespoir, le texte encourage les individus à s'engager dans une action juste, empreinte d'altruisme et de compassion. Il postule que l'accomplissement de ses devoirs avec diligence, sans attachement aux fruits du travail, peut conduire à l'atténuation de la souffrance et à la culture de la force intérieure.

De plus, le concept de karma yoga, exposé dans la Gîtâ, souligne l'importance du service désintéressé comme moyen de soulager la souffrance. En s'engageant dans des actions qui profitent aux autres et contribuent au bien commun, les individus peuvent transcender leurs afflictions personnelles et trouver du réconfort dans l'altruisme. Cette interdépendance avec le bien-être de la communauté favorise un sentiment d'utilité et sème les graines de la résilience face à l'adversité.

D'autre part, la Gîtâ prône les vertus de la persévérance et de la constance dans la poursuite de la droiture. Elle affirme que le fait d'agir de manière décisive en accord avec son dharma, ou son devoir, même au milieu de la souffrance, a le potentiel d'élever la conscience et de favoriser l'évolution spirituelle. En adhérant ardemment aux principes moraux et à la conduite éthique, les individus peuvent transformer leur souffrance en un catalyseur de croissance personnelle et de réalisation de soi.

Le pouvoir transformateur de l'action dans le contexte de la souffrance s'étend au-delà du domaine des actes extérieurs ; il englobe le paysage intérieur des pensées et des attitudes. La Gîtâ met l'accent sur la pratique de l'équanimité et de la résilience face aux défis, préconisant une approche proactive pour transformer les adversités en opportunités d'introspection et de perfectionnement du caractère.

Souffrance et évolution spirituelle :

La Gîtâ nous enseigne que la souffrance fait partie intégrante de la vie et nous offre des pistes sur la manière dont nous pouvons utiliser nos expériences de souffrance comme catalyseurs de l'évolution et de la croissance spirituelles. L'une des leçons essentielles est le concept de résilience face à l'adversité. La Gîtâ nous rappelle que les défis et les tribulations sont des occasions de développement spirituel et de développement du caractère. En affrontant la souffrance avec courage et force intérieure, les individus peuvent s'élever spirituellement, en acquérant une compréhension plus profonde de la nature de l'existence et de leur propre être intérieur. D'autre part, la Gîtâ souligne l'importance de la compassion et de l'empathie dans l'expérience de la souffrance de nous-mêmes et des autres. Elle enseigne qu'en faisant preuve d'empathie envers les luttes de nos semblables, les individus peuvent découvrir un profond sentiment d'interdépendance et cultiver un esprit de service et de bienveillance. De plus, la Gîtâ préconise l'introspection et l'autoréflexion comme moyen de comprendre la nature essentielle de la souffrance. Elle encourage les individus à plonger dans les profondeurs de leur propre conscience, en cherchant à comprendre les causes profondes de leur propre souffrance et de celle des autres. Les enseignements de la Gîtâ soulignent également le pouvoir transformateur de la souffrance avec patience et dignité. En gardant l'équanimité face à la souffrance, les individus peuvent exploiter son potentiel transformateur, en subissant une métamorphose qui mène à l'évolution spirituelle. De plus, la Gîtâ explique que le chemin vers la libération de la souffrance implique le discernement et la recherche spirituelle. Elle guide les individus pour qu'ils s'interrogent sur la nature de la souffrance, l'impermanence de l'existence matérielle et le but ultime de la vie.

Chapitre XII
L'IMPORTANCE DU SERVICE

Racines philosophiques du Karma Yoga :

Le karma yoga, tel qu'il est exposé dans la Bhagavad-Gîtâ, puise ses racines philosophiques dans une riche mosaïque de textes et d'écritures anciennes qui constituent le fondement de la philosophie indienne. Le concept d'action désintéressée trouve une résonance dans les Upanishads, en particulier dans les enseignements des Katha et Mundaka Upanishads, où l'idée d'accomplir des actions sans attachement aux fruits de ces actions est explicitée comme une voie vers la réalisation spirituelle. L'accent mis par les Upanishads sur le fait de se détacher des résultats de ses actions est lié à l'appel de la Bhagavad-Gîtâ au service désintéressé comme moyen d'atteindre l'évolution spirituelle. La sagesse contenue dans des textes tels que les Vedas, les Brahma Sutras et les divers Darshanas sert de fondement philosophique à la pratique du karma yoga. L'examen de ces textes à travers le prisme du karma yoga révèle une interconnexion entre l'âme individuelle (Atman) et la conscience universelle (Brahman), jetant ainsi les bases d'une approche éthique et morale de l'action. De plus, le concept de « Nishkama Karma » ou action sans désir, mentionné dans le Mahabharata et divers Puranas, renforce les principes fondamentaux du karma yoga. Ces textes anciens non seulement apportent une rigueur intellectuelle, mais imprègnent également l'aspirant d'une compréhension plus profonde du devoir inné (dharma) qui sous-tend toutes les actions.

Actes désintéressés – L'essence du détachement :

Le concept de détachement n'implique pas un manque d'attention ou de préoccupation pour les autres ; il signifie plutôt un état intérieur d'équilibre, où les actions sont accomplies sans attachement aux résultats. Ce principe éclaire la compréhension que le véritable service naît d'un lieu d'intention pure, exempt de désirs ou d'attentes personnelles. En renonçant à l'attachement égocentrique au fruit de ses actions, les individus adoptent une approche altruiste de la vie, favorisant un sens plus profond de compassion et d'empathie envers tous les êtres. Incarner l'essence du détachement dans des actes désintéressés, c'est agir comme un simple instrument dans le jeu cosmique, en reconnaissant que son rôle est de servir et d'élever l'humanité sans rechercher la validation ou la reconnaissance. La Bhagavad-Gîtâ souligne l'importance d'assumer ses responsabilités tout en étant indifférent aux enchevêtrements du monde. Pour les pratiquants du Karma Yoga, ce principe sert de lumière directrice, éclairant le chemin vers la transcendance de soi et la croissance spirituelle. Ces individus s'engagent dans leurs tâches avec un dévouement et un engagement sans faille, mais restent détachés des fruits de leur travail, vivant dans un état de non-attachement serein. Ce concept remet en question le récit conventionnel du succès et de la réussite, nous poussant à incarner un esprit résilient qui reste imperturbable face aux circonstances extérieures. Par des actes désintéressés imprégnés de l'essence du détachement, on cultive intrinsèquement un cœur rempli de bienveillance, d'humilité et d'amour inconditionnel – un témoignage du pouvoir transformateur du Karma Yoga dans l'actualisation de la divinité en chaque être sensible.

Action et inaction :

Le concept d'action (Karma) met l'accent sur l'accomplissement de ses devoirs et de ses responsabilités sans attachement aux résultats. Il préconise l'exécution d'actes justes en se concentrant sans relâche sur le moment présent, sans désirs personnels ni motivations égoïstes. D'un autre côté, l'inaction (Akarma) ne signifie pas simplement la passivité ou l'abstention d'activités. Au contraire, elle dénote un état de détachement des conséquences de ses actes, où l'individu reste indifférent au succès ou à l'échec, au plaisir ou à la douleur. Cette distinction transcende le domaine des simples mouvements physiques et plonge dans le domaine de la conscience et de l'intention. La Bhagavad-Gîtâ exhorte les individus à discerner la vraie nature de l'action et de l'inaction, soulignant que le renoncement authentique ne se caractérise pas par un retrait physique du monde mais par une libération intérieure de l'attachement. Elle encourage les pratiquants à remplir leurs rôles obligatoires tout en maintenant un état de détachement des fruits de leur travail. Cette approche holistique du karma yoga renforce l'importance du service désintéressé et met en lumière l'harmonie sous-jacente entre l'action et l'inaction. Le récit remet en question la dichotomie conventionnelle entre faire et ne pas faire, en prônant une perspective équilibrée et éclairée qui transcende les limites de la perception humaine ordinaire.

Le rôle de l'intention dans les pratiques du Karma Yoga :

Dans la pratique du Karma Yoga, le rôle de l'intention est de guider toutes les actions. La Bhagavad-Gîtâ souligne que les intentions d'une personne déterminent la véritable nature et les conséquences de ses actes. Selon ce texte ancien, accomplir des actes désintéressés avec des intentions pures et altruistes est crucial pour la croissance spirituelle et la libération. L'intention façonne la qualité de nos actes et influence l'impact qu'ils ont sur nous-mêmes et sur les autres. C'est la force motrice qui aligne nos actions sur les principes de droiture et de compassion.

Si les actions elles-mêmes sont essentielles, la Gîtâ souligne que les motivations et les intentions sous-jacentes à ces actions sont tout aussi importantes. Lorsque nos intentions sont ancrées dans l'altruisme et un désir sincère de servir sans attendre de gain personnel ou de reconnaissance, nos actions deviennent des offrandes au bien commun, transcendant les limites de l'ego et des désirs individuels. Ce changement de perspective transforme les tâches banales en opportunités significatives de progrès spirituel et d'épanouissement intérieur.

De plus, le texte encourage les individus à cultiver l'habitude d'examiner et de purifier constamment leurs intentions. L'introspection et l'introspection sont des aspects fondamentaux du Karma Yoga, permettant aux pratiquants d'évaluer la pureté de leurs motivations et de procéder aux ajustements nécessaires pour réaligner leurs actions sur une intention désintéressée. En favorisant une prise de conscience de leurs intentions, les individus peuvent s'assurer que leurs actions ne sont pas entachées de désirs égoïstes ou d'arrière-pensées, préservant ainsi l'essence du Karma Yoga.

La Bhagavad-Gîtâ souligne que la pureté de l'intention détermine en fin de compte les répercussions karmiques d'une action. Les actes accomplis avec des intentions égoïstes ou égoïstes créent des liens d'attachement et perpétuent le cycle des désirs matériels, tandis que les actes altruistes accomplis avec un esprit de dévouement contribuent à la libération de l'âme des limites de l'existence matérielle. Ainsi, la Gîtâ enseigne que l'intention est le fil invisible qui tisse chaque action, façonnant le tissu moral et spirituel de la vie d'un individu.

Avantages transformateurs de l'altruisme et du service :

Le concept d'action désintéressée et de service aux autres sans attachement aux fruits de ses actions conduit à des bénéfices transformateurs qui vont au-delà du bien-être individuel. La pratique de l'altruisme et du service cultive un profond sentiment de compassion et d'empathie pour les autres, favorisant un plus grand sentiment d'interconnexion et d'unité avec le monde. Ce changement de perspective permet aux individus de transcender leurs préoccupations égocentriques et de développer une compréhension plus large de l'expérience humaine.

De plus, s'engager dans des actes de service et d'altruisme procure un sentiment d'accomplissement et de finalité. En se consacrant au bien-être des autres, on éprouve une satisfaction intérieure qui naît de sa contribution au bien commun. Cet accomplissement est enraciné dans la reconnaissance de l'impact et du changement positif que l'on peut apporter dans la vie des autres, renforçant ainsi le sentiment de sens et de valeur de sa propre vie.

En outre, les bienfaits transformateurs de l'altruisme et du service s'étendent au domaine de la croissance et du développement personnels. S'engager dans des actes désintéressés incite les individus à développer leur capacité d'empathie, de gentillesse et de compréhension, favorisant ainsi des qualités de caractère telles que la patience, la générosité et la résilience. Ces vertus contribuent non seulement à la croissance individuelle, mais renforcent également le tissu social en favorisant des relations harmonieuses et le bien-être de la communauté.

D'autre part, la pratique de l'altruisme et du service est un puissant antidote aux sentiments d'isolement et de déconnexion qui affligent souvent les sociétés modernes. En tendant la main à ceux qui en ont besoin, les individus tissent des liens significatifs avec les autres et cultivent un sentiment d'appartenance et de solidarité au sein de leur communauté. Cela favorise un esprit de coopération et d'entraide, contribuant en fin de compte à la création d'un tissu social inclusif et bienveillant.

Chapitre XIII
LA NATURE DE LA LIBERATION

Introduction à Moksha dans le contexte de la Gîtâ :

Dans le contexte de la Bhagavad-Gîtâ, le moksha, souvent traduit par libération ou liberté, occupe une position primordiale en tant que but ultime de la vie humaine. Le concept de moksha est profondément enraciné dans l'éthique philosophique et spirituelle de l'Inde ancienne, et son interprétation dans la Gîtâ joue un rôle essentiel pour guider les individus vers la cessation de la souffrance et l'atteinte de la réalisation transcendantale. Le moksha, dans la Gîtâ, représente le point culminant du voyage de l'âme, marquant la libération du cycle de la naissance et de la mort, et l'union avec le divin. Il ne s'agit pas simplement d'une évasion de l'existence terrestre, mais d'un état de conscience et d'illumination qui transcende les limites du monde matériel. Comprendre le moksha dans le contexte de la Gîtâ nécessite une exploration de ses dimensions multiformes, englobant des considérations éthiques, métaphysiques et existentielles. De plus, moksha est lié aux thèmes plus larges du dharma (devoir), du karma (action) et du bhakti (dévotion) élucidés dans les Écritures, soulignant ainsi sa signification holistique dans le paradigme spirituel décrit dans la Gîtâ.

Le rôle du détachement dans la réalisation de la liberté :

Le détachement fait référence à la capacité de ne pas être affecté par les fruits de ses actions, pratiquant ainsi le non-attachement aux conséquences matérielles de ces actions. Ce principe est étroitement lié à l'idée du Karma Yoga, qui met l'accent sur l'action désintéressée sans s'attacher aux résultats. La Gîtâ enseigne que la véritable liberté et la libération spirituelle peuvent être atteintes lorsqu'un individu accomplit ses devoirs sans s'emmêler dans des désirs de gain personnel ou de reconnaissance.

Le détachement n'implique pas l'apathie ou le désengagement des responsabilités matérielles. Il signifie plutôt un état d'équilibre intérieur, où l'on n'est pas influencé par les fluctuations du succès et de l'échec, du plaisir et de la douleur. Il favorise la résilience face aux défis de la vie avec un esprit inébranlable. Ce détachement de la nature transitoire du monde matériel permet aux individus de se connecter à leur conscience supérieure et de reconnaître l'impermanence de la réalité extérieure.

La Bhagavad-Gîtâ illustre l'importance du détachement à travers la métaphore d'une feuille de lotus non touchée par l'eau. Tout comme le lotus flotte sur l'eau sans être contaminé par elle, un individu pratiquant le détachement reste à l'abri des influences de l'environnement extérieur. Cette analogie incarne l'essence du détachement, décrivant un individu qui s'engage dans le monde tout en conservant un sentiment de détachement intérieur.

De plus, le détachement favorise une attitude d'altruisme et d'altruisme, en accord avec les principes du Karma Yoga. En renonçant à l'attachement au résultat de leurs actions, les individus peuvent agir pour le bien commun sans être guidés par l'ambition ou le désir personnel. Cette approche désintéressée du devoir cultive un sentiment d'unité et d'interdépendance, conduisant à l'harmonie de l'individu au sein de l'ordre cosmique plus vaste.

Le détachement facilite également l'introspection et la conscience de soi, rendant les individus moins sensibles aux impulsions dictées par l'ego. La Gîtâ souligne que le détachement permet aux individus de transcender leur moi inférieur et de réaliser leur divinité innée. Grâce au détachement, on peut acquérir une clarté d'objectif et une compréhension plus profonde de l'interdépendance de tous les êtres, progressant ainsi vers le chemin de l'émancipation spirituelle.

Interaction entre le Karma et le Moksha :

Selon la Gîtâ, chaque action, qu'elle soit physique, mentale ou émotionnelle, génère une réaction karmique correspondante. Cette nature cyclique du karma constitue la base de la compréhension de l'expérience humaine et du déroulement du destin individuel. Alors que les âmes affrontent leur voyage à travers la vie, la loi du karma sert de fil invisible qui tisse ensemble les expériences passées, présentes et futures. Elle dicte que chaque acte, intention et pensée comporte des implications qui se répercutent tout au long de l'existence.

Dans le contexte de Moksha, la Gîtâ enseigne que les individus doivent s'efforcer d'accomplir des actions désintéressées, transcendant ainsi les effets contraignants des désirs et des attachements motivés par l'ego. Elle souligne l'importance d'accomplir ses devoirs sans s'attacher aux résultats, alignant ainsi les actions sur les principes de droiture et d'ordre cosmique. En outre, le texte met l'accent sur la culture d'un état d'esprit équilibré, favorisant l'équanimité face au succès et à l'échec, au plaisir et à la douleur. Cette culture d'une action détachée et désintéressée contribue à la purification de l'âme, rapprochant ainsi l'individu du but ultime de Moksha.

De plus, la Bhagavad-Gîtâ explique le concept de « nishkama karma » – l'accomplissement d'actions sans attachement à leurs fruits – comme une voie transformatrice vers l'émancipation spirituelle. Une âme engagée dans le nishkama karma agit par pure dévotion, abandonnant les fruits de son travail au divin, se libérant ainsi du cycle des enchevêtrements karmiques. Comprendre l'interaction entre le karma et le moksha nécessite de reconnaître l'interdépendance de tous les êtres et de l'ordre cosmique. En faisant l'expérience de la tapisserie du karma avec pleine conscience et discernement, les individus ouvrent la voie à la réalisation du moksha, transcendant les cycles de la naissance et de la mort pour s'unir à la vérité éternelle.

Réalisation spirituelle - Le chemin au-delà du matérialisme :

Dans la quête de la réalisation spirituelle, la Bhagavad-Gîtâ nous guide pour transcender les limites des activités matérialistes et emprunter un chemin qui mène à une compréhension plus profonde de l'existence. Elle nous invite à contempler la nature transitoire des possessions matérielles et des expériences sensorielles, et à rechercher un état d'être qui ne dépend pas de facteurs extérieurs pour s'épanouir. Ce voyage vers la réalisation spirituelle nécessite un changement de perspective, poussant les individus à regarder au-delà du tangible et à explorer le domaine de la conscience intérieure et de la vérité transcendantale.

La Gîtâ met l'accent sur les limites de la richesse et des plaisirs matériels, encourageant les individus à reconnaître l'impermanence et la nature illusoire des activités matérielles. Par l'introspection et la contemplation, les chercheurs sont amenés à se détacher de la poursuite incessante de l'accumulation matérielle et à se concentrer plutôt sur le développement des qualités de paix intérieure, de compassion et de réalisation de soi. Ce passage de la validation externe à la transformation interne ouvre la voie à la croissance spirituelle et à la libération du piège du matérialisme.

De plus, le chemin au-delà du matérialisme tel qu'il est exposé dans la Bhagavad-Gîtâ englobe une approche holistique de la vie, dans laquelle les individus s'efforcent de cultiver l'harmonie et l'équilibre en eux-mêmes et dans leur environnement. Cela implique de reconnaître l'interdépendance de tous les êtres et de favoriser un sentiment d'unité et de compassion qui transcende les considérations matérielles. En rejetant les illusions des désirs matérialistes et en adoptant une compréhension du soi et de sa connexion à l'univers, les individus se lancent dans un voyage transformateur vers la réalisation spirituelle.

Ce chemin nécessite également le développement de vertus telles que l'humilité, la gratitude et le contentement, qui servent de piliers de force sur le chemin au-delà du matérialisme. Grâce à l'autodiscipline et à la pleine conscience, les pratiquants des enseignements de la Gîtâ s'alignent sur un objectif supérieur qui s'étend au-delà des attractions éphémères du monde matériel. En cultivant une attitude de détachement et d'équanimité, les individus se libèrent progressivement des entraves des désirs matériels et évoluent vers un état d'abondance et d'illumination spirituelles.

La transcendance de l'esprit et de l'ego :

Le concept de transcendance du mental et de l'ego implique de dépasser les limites du mental individuel et de se détacher des tendances égoïstes qui nous lient à l'existence matérielle. La Gîtâ enseigne qu'en surmontant les fluctuations du mental et en maîtrisant l'ego, on peut atteindre un état de paix intérieure et de liberté. Elle souligne la nécessité de cultiver une conscience supérieure qui transcende les dualités et les illusions créées par le mental.

La transcendance de l'esprit et de l'ego est liée à la pratique de la méditation et de la pleine conscience. Grâce à une pratique disciplinée, les individus peuvent apprendre à observer leurs pensées et leurs émotions sans s'y laisser empêtrer, acquérant ainsi une compréhension plus profonde de soi. Ce processus implique de reconnaître la nature transitoire des activités de l'esprit et de développer la capacité de rester enraciné dans un état d'équanimité indépendamment des circonstances extérieures.

D'autre part, la Bhagavad-Gîtâ met en lumière le rôle de l'altruisme dans la transcendance de l'ego. En s'engageant dans un service désintéressé et des actions altruistes, les individus peuvent diminuer l'influence de l'ego, qui se nourrit de désirs et d'attachements égocentriques. Le texte souligne l'importance de cultiver un esprit d'humilité et d'empathie, qui favorise la dissolution de l'obsession de soi et favorise un sentiment d'interconnexion avec tous les êtres.

La Gîtâ expose également l'idée de soumettre l'ego à la volonté divine. En reconnaissant l'intelligence cosmique à l'œuvre, les individus sont encouragés à abandonner l'illusion du contrôle et à reconnaître leur interdépendance avec l'univers. Cette soumission n'est pas un acte de résignation, mais plutôt une affirmation de confiance et de foi en un ordre supérieur et universel.

En fin de compte, la transcendance du mental et de l'ego conduit à la réalisation de la divinité innée et à l'unité avec le Suprême. Cet état d'éveil spirituel apporte clarté et perspicacité, nous permettant de percevoir l'harmonie sous-jacente dans la diversité de l'existence. Il nous libère des limites de l'identité limitée et nous donne accès à une conscience illimitée qui transcende les limitations mortelles.

Rôle de la connaissance - Jnana Yoga et illumination :

Dans la Bhagavad-Gîtâ, le concept de Jnana Yoga met l'accent sur le rôle de la connaissance dans la poursuite de l'illumination et de la libération. Cette voie est centrée sur le développement de la sagesse et du discernement pour acquérir une compréhension de la véritable nature de la réalité et du soi. Le Jnana Yoga encourage les individus à s'interroger en profondeur sur les questions fondamentales de l'existence, en explorant la nature de la conscience, l'illusion de l'ego et l'interdépendance de toutes choses. Par une introspection rigoureuse et une exploration intellectuelle, les pratiquants du Jnana Yoga cherchent à transcender les limites de l'esprit et à atteindre un état de pure conscience et de compréhension.

Dans la quête de la découverte de soi et de la transformation intérieure, la pratique du Jnana Yoga fournit aux individus les outils nécessaires pour démêler les couches de conditionnement et d'idées fausses qui voilent leur véritable essence. En s'inspirant des enseignements philosophiques et de la réflexion contemplative, les chercheurs sur la voie du Jnana Yoga s'efforcent de surmonter l'ignorance et d'acquérir une vision claire de la réalité ultime. Ce processus de purification intérieure et de raffinement intellectuel sert de moyen de découvrir les vérités qui mènent à la libération.

Au cœur du Jnana Yoga se trouve la culture du viveka, ou discernement, qui permet aux individus de faire la différence entre le transitoire et l'éternel. Les pratiquants apprennent à distinguer le faux du réel, l'impermanent de l'immuable et le soi individuel de la conscience universelle. En affinant cette faculté de discernement, on peut progressivement se dégager du réseau des illusions et réaliser leur nature spirituelle essentielle. Le Jnana Yoga souligne également l'importance du vairagya, ou détachement, encourageant les pratiquants à développer un sentiment de non-attachement aux biens matériels, aux émotions fugaces et aux expériences transitoires. Ce détachement favorise une concentration intérieure, permettant aux individus de diriger leur attention vers la poursuite d'une connaissance supérieure et d'une vision spirituelle.

Le Jnana Yoga met l'accent sur l'étude des écritures sacrées, des textes philosophiques et sur les conseils d'enseignants éclairés comme sources indispensables de sagesse. Les écritures donnent un aperçu des vérités métaphysiques, de la nature du soi et des principes qui régissent l'univers, favorisant une compréhension profonde de l'interdépendance de toute existence. Les conseils des sages et des gourous confèrent aux aspirants des connaissances inestimables et une sagesse pratique, éclairant le chemin vers l'illumination.

Découverte de soi et transformation intérieure :

Le concept de découverte de soi implique de plonger profondément dans sa conscience pour comprendre la véritable nature de soi. Cela nécessite une introspection, une réflexion sur soi et une volonté de confronter l'ego et ses attachements. La transformation intérieure, en revanche, est le processus d'évolution spirituelle, mentale et émotionnelle pour s'aligner sur des vérités et des principes supérieurs.

Dans le contexte de la Gîtâ, la découverte de soi et la transformation intérieure sont étroitement liées, car la quête de la connaissance de soi mène inévitablement à une expérience intérieure transformatrice. Le texte souligne l'importance de la conscience de soi et des pratiques introspectives telles que la méditation, l'introspection et la pleine conscience pour faciliter ce processus de découverte de soi. De plus, la transformation intérieure est décrite comme un voyage continu, marqué par la croissance personnelle, la résilience émotionnelle et une capacité croissante de compassion et d'empathie.

Les enseignements de la Bhagavad-Gîtâ soulignent l'importance de cultiver des vertus telles que l'humilité, la patience et la force intérieure pour favoriser la transformation intérieure. De plus, le texte explique que la transformation intérieure nécessite un changement de conscience, conduisant à une prise de conscience accrue de l'interdépendance universelle et de la présence divine en soi et chez les autres. La Gîtâ souligne également le rôle de la conduite éthique et de la vie vertueuse en tant que composantes intégrales de la transformation intérieure. En alignant ses actions sur le dharma et les valeurs morales, les individus peuvent contribuer positivement à leur propre évolution spirituelle et au bien-être de la société.

De plus, la Bhagavad-Gîtâ souligne le pouvoir transformateur de la dévotion et de l'abandon pour favoriser la croissance intérieure. La pratique du bhakti yoga, caractérisée par une dévotion inébranlable au divin, est considérée comme un puissant catalyseur de transformation intérieure. Grâce à des pratiques dévotionnelles telles que la prière, le chant et les rituels, les individus peuvent cultiver un profond sentiment de connexion avec le divin, conduisant à des changements intérieurs et à un éveil spirituel.

Union divine - Bhakti comme véhicule de libération :

La bhakti, la voie de la dévotion, englobe une dévotion inébranlable et fervente à l'Être suprême, transcendant les limites de l'existence matérielle et conduisant le pratiquant vers l'union ultime avec le divin. Au cœur de la pratique de la bhakti se trouve la culture de l'amour et de l'adoration pour le divin. Cette connexion profonde et émotionnelle avec Dieu sert de force transformatrice, guidant les individus vers l'altruisme, la compassion et l'humilité. Grâce à la pratique de la bhakti, on fait l'expérience d'une contemplation et d'un souvenir continus du divin, favorisant une relation intime qui finit par dissoudre les frontières entre l'adorateur et l'adoré. La Bhagavad-Gîtâ élucide diverses formes de bhakti, soulignant que le but ultime est d'atteindre un amour pur et inconditionnel pour le divin sans attentes ni désirs de gain personnel. Que ce soit par la prière, les chants dévotionnels, les rituels ou les actes de service, l'essence de la bhakti réside dans l'abandon total à la volonté divine, la reconnaissance de l'omniprésence et de l'omnipotence de l'Être suprême. De plus, le texte souligne l'universalité de la bhakti, affirmant que les individus de tous les horizons peuvent embrasser cette voie. Indépendamment du statut social, du sexe ou de la profession, la pratique de la bhakti offre une approche universelle et inclusive de la croissance spirituelle, soulignant l'idée que la véritable dévotion transcende les différences extérieures et unifie tous les êtres dans la quête commune de la réalisation divine. En tant que défenseur de la dévotion, la Bhagavad-Gîtâ révèle que la bhakti sincère conduit à la purification de l'esprit et du cœur, permettant aux individus de transcender les attachements mondains et d'atteindre la paix intérieure. La pratique de la bhakti inculque des vertus telles que la gratitude, le pardon et l'empathie, favorisant une vie harmonieuse et vertueuse.

Chapitre XIV
DEVOIR ET DROITURE

Introduction au Dharma :

Le dharma, dérivé du sanskrit, signifie loi et ordre dans un contexte cosmique. Le terme englobe un large spectre de significations, englobant le devoir, la droiture et l'obligation morale. Il est profondément enraciné dans les traditions védiques et constitue un concept central de la philosophie hindoue. Dans son essence, le dharma fournit un cadre pour vivre une vie vertueuse et épanouissante, en soulignant l'interdépendance de la conduite individuelle avec le bien-être de la société et de l'univers. Le dharma n'est pas seulement un ensemble de règles ou de commandements, mais aussi un principe directeur qui sous-tend l'ordre cosmique tout entier. Il insuffle des dimensions éthiques et morales dans chaque aspect de l'existence humaine, servant de boussole pour expérimenter les complexités de la vie. La nature multiforme du dharma souligne son importance dans divers domaines, notamment la conduite personnelle, l'harmonie sociétale et l'évolution spirituelle. Dans ce cadre multiforme, le dharma décrit les responsabilités de l'individu envers lui-même, sa famille, sa communauté et l'humanité dans son ensemble, soulignant le lien indissociable entre le devoir personnel et le bien-être collectif.

Dans la Bhagavad-Gîtâ, le dharma est un thème central qui imprègne tout le texte, servant de principe directeur aux individus en quête d'épanouissement spirituel. La Gîtâ présente le dharma comme étant bien plus qu'un simple devoir ; il englobe la droiture, les obligations morales et la conduite éthique. À travers ses enseignements, la Gîtâ souligne l'importance d'adhérer à son svadharma, ou devoir inhérent, tout en reconnaissant les défis et les dilemmes auxquels les individus peuvent être confrontés lorsqu'ils s'efforcent de s'aligner sur leur chemin juste. De plus, le texte met en évidence la nature éternelle du dharma, le décrivant comme un élément essentiel de l'ordre cosmique et de l'harmonie universelle. Il proclame que le respect du dharma est crucial pour le bien-être individuel ainsi que pour le bien-être de la société dans son ensemble.

Devoir vs. Désir :

Le devoir, souvent représenté par le concept de Dharma, est la voie juste ou l'obligation morale à laquelle un individu doit adhérer pour maintenir l'ordre et l'harmonie dans le monde. D'un autre côté, le désir englobe les diverses envies et attachements qui naissent de l'ego et qui éloignent l'individu de la droiture et de la croissance spirituelle.

L'analyse philosophique du devoir et du désir s'intéresse en profondeur aux conflits et aux dilemmes internes auxquels sont confrontés les individus dans leur quête d'une vie vertueuse. Elle soulève des questions fondamentales sur la nature de l'existence humaine et sur les choix que nous faisons dans cette expérience de devoir et de désir. La Gîtâ nous invite à nous demander si nos actions sont motivées par un devoir désintéressé ou par des désirs égoïstes, et comment ces motivations façonnent nos conséquences karmiques.

Cette enquête nous incite à explorer l'interaction entre le devoir et le désir dans le contexte de la prise de décision morale. Elle nous met au défi d'analyser les motivations sous-jacentes à nos actions et de discerner si elles s'alignent sur notre objectif supérieur ou répondent uniquement à notre satisfaction personnelle. En examinant les implications éthiques de la priorité accordée au devoir par rapport au désir, ou vice versa, le chercheur est contraint d'affronter les tensions découlant de responsabilités et d'aspirations conflictuelles.

De plus, cette réflexion philosophique invite à une introspection quant à la source des désirs et à leur impact sur notre sens du devoir. Elle invite les individus à évaluer si la poursuite de désirs passagers entrave leur capacité à remplir leurs devoirs ou si elle contribue à un équilibre harmonieux entre aspirations personnelles et obligations sociales.

La justice en action :

Le concept de droiture est ancré dans la philosophie hindoue, qui met l'accent sur l'importance de l'action morale et de la conduite éthique dans tous les aspects de la vie. Dans la Gîtâ, le Seigneur Krishna explique l'importance de maintenir la droiture et d'accomplir son devoir avec sincérité et intégrité. Cette insistance sur la droiture a des implications de grande portée qui vont au-delà de la conduite personnelle.

L'une des implications éthiques essentielles de la droiture est la promotion de l'harmonie et du bien-être de la société. Lorsque les individus adhèrent à leurs devoirs prescrits tout en adoptant une conduite juste, cela favorise un environnement de respect mutuel, de coopération et de compréhension au sein de la société. La Gîtâ préconise l'accomplissement de son devoir sans attachement aux résultats, ce qui conduit à une société gouvernée par des principes éthiques plutôt que par des désirs égoïstes ou des gains personnels.

En outre, la justice dans l'action englobe le traitement éthique des autres. Elle exige de la compassion, de l'empathie et de la non-violence dans toutes les interactions. Cela s'étend à la responsabilité des individus envers l'environnement, les animaux et leurs semblables. L'interdépendance de toute vie est soulignée, insistant sur la nécessité de pratiques éthiques et durables dans la vie quotidienne.

De plus, les implications éthiques de la droiture sont étroitement liées au concept de justice et d'équité. En adoptant une conduite vertueuse, les individus contribuent à l'établissement d'une société juste et équitable. Cela implique de défendre les droits et la dignité de tous les membres de la société, indépendamment de leur statut social, de leur sexe ou de leur origine. La Gîtâ avance l'idée que tous les individus ont le droit de poursuivre leur devoir et leur droiture, soulignant la nécessité d'une inclusion et d'une justice sociale.

Une autre implication éthique essentielle réside dans le respect de la vérité et de l'honnêteté. La droiture dans l'action souligne l'importance de la transparence, de l'intégrité et de la véracité dans toutes les transactions. Ce fondement éthique est essentiel pour instaurer la confiance et favoriser des relations authentiques au sein de la société, jetant ainsi les bases d'une communauté fondée sur des principes et une morale intègre.

Le rôle de l'intuition dans la reconnaissance du devoir :

L'intuition, souvent décrite comme la capacité de comprendre ou d'appréhender quelque chose immédiatement sans avoir recours à un raisonnement conscient, joue un rôle crucial dans la détermination de son devoir, ou dharma. Dans le contexte de la Bhagavad-Gîtâ, l'intuition est honorée comme un moyen de comprendre son but et ses responsabilités dans la vie. Contrairement à la prise de décision rationnelle, qui repose sur une analyse logique et des facteurs externes, l'intuition puise dans une sagesse innée qui transcende l'intellect.

Les enseignements de Krishna dans la Bhagavad-Gîtâ soulignent l'importance de reconnaître son dharma grâce à une guidance intérieure. Il encourage Arjuna à faire confiance à son intuition et à agir selon sa nature fondamentale, ou svadharma. Ce concept suggère qu'en nous alignant sur notre nature essentielle, nous pouvons reconnaître intuitivement nos devoirs et obligations dans les domaines personnel et sociétal.

D'autre part, la notion d'intuition dans la Gîtâ souligne l'idée que le devoir naît d'un sentiment intérieur d'appel plutôt que d'impositions extérieures. Elle implique que les individus possèdent une capacité inhérente à comprendre leurs rôles et obligations en s'accordant à leur voix intérieure. Cela correspond à la croyance générale selon laquelle chaque individu est unique, avec un ensemble distinct de compétences, d'inclinations et de responsabilités. Par conséquent, le rôle de l'intuition est essentiel pour réaliser et adopter ce dharma distinctif.

Il est important de noter que le processus qui consiste à puiser dans l'intuition pour reconnaître le devoir ne fait pas abstraction de la réflexion approfondie et des considérations éthiques. Au contraire, il complète et enrichit le processus de prise de décision en intégrant une perspective plus profonde et plus holistique. L'intuition, lorsqu'elle est affinée et raffinée par la pratique spirituelle et la conscience de soi, sert de guide pour expérimenter les complexités de la vie et maintenir la droiture dans les actions.

En substance, l'exploration de l'intuition et du devoir dans la Bhagavad-Gîtâ souligne l'interdépendance entre l'âme individuelle et l'ordre cosmique plus vaste. En cultivant le discernement intuitif, les individus se retrouvent non seulement à remplir leurs devoirs personnels, mais aussi à contribuer positivement au fonctionnement harmonieux du tissu social. L'équilibre entre responsabilité personnelle et harmonie sociale est donc lié à la culture et à l'application de l'intuition dans la reconnaissance et la poursuite de son dharma.

Chapitre XV
RÉALITÉ ET PERCEPTION

Fondements philosophiques de l'illusion :

Le concept de Maya, tel qu'il est présenté dans la philosophie hindoue, est profondément enraciné dans la compréhension de la réalité et de la perception. Philosophiquement, Maya est souvent considéré comme l'illusion cosmique qui voile la véritable nature de l'existence. Cette notion découle de la croyance selon laquelle le monde matériel, tel que perçu par les sens humains, est transitoire et éphémère, ce qui conduit à une distorsion de la réalité. Une telle perspective invite à explorer les principes fondamentaux qui sous-tendent ce concept philosophique.

Les fondements philosophiques de l'illusion se penchent essentiellement sur la nature de la conscience et sa relation avec l'univers manifesté. L'Advaita Vedanta, une école éminente de la philosophie hindoue, propose une compréhension distincte de Maya, postulant que la réalité ultime (Brahman) est obscurcie par la multiplicité illusoire du monde phénoménal. À travers le prisme de l'Advaita Vedanta, Maya est perçue comme un voile qui obstrue la réalisation de l'unité sous-jacente de l'existence. Cette interprétation met l'accent sur la nature éternelle et immuable de Brahman, juxtaposée à la nature toujours changeante et transitoire du monde empirique, donnant ainsi naissance au concept d'illusion.

En outre, les fondements philosophiques de la philosophie maya recoupent l'enquête métaphysique sur la nature de la connaissance et de la perception. Dans la philosophie indienne, les écoles Nyaya et Vaisheshika ont réfléchi aux aspects épistémologiques de la perception et de la cognition, contribuant à élucider la nature illusoire des phénomènes.

Ces explorations philosophiques s'articulent autour de la compréhension que la cognition humaine est soumise à des limitations et à des distorsions, influençant ainsi l'interprétation de la réalité. L'interaction entre la perception sensorielle, l'inférence et le témoignage constitue le cœur de ces discussions, soulignant comment les facultés cognitives peuvent engendrer des constructions illusoires.

De plus, les fondements philosophiques de l'illusion s'étendent à une contemplation des implications ontologiques de Maya. Dans le domaine de la philosophie Samkhya, la trame de l'existence est délimitée en purusha (conscience) et prakriti (matière). Maya, dans ce contexte, est intimement liée à prakriti, encapsulant les constituants élémentaires de l'univers manifeste. L'entrelacement de la conscience et de la matière donne lieu à l'interaction dynamique de la création et de la dissolution, renforçant encore la nature illusoire des phénomènes du monde.

Réalité vs. Perception :

La Bhagavad-Gîtâ nous fait comprendre que ce que nous percevons comme la réalité est souvent façonné par nos perceptions et nos expériences individuelles. Elle remet en question l'idée selon laquelle ce qui semble réel peut en fait être une illusion formée par nos sens et notre esprit conditionné. Cette perspective soulève des questions sur la nature de l'existence et sur la façon dont nous comprenons le monde qui nous entoure.

La dualité entre réalité et perception remet en question la fiabilité de nos sens et la manière dont ils interprètent le monde extérieur. Elle pose une question fondamentale : nos expériences sensorielles reflètent-elles vraiment une réalité objective ou sont-elles simplement des constructions subjectives de notre esprit ? Cette tension entre ce qui est objectivement réel et ce que nous percevons subjectivement crée une énigme philosophique qui fait l'objet de débats depuis des millénaires.

La Bhagavad-Gîtâ nous invite en outre à réfléchir aux implications de cette dualité sur notre compréhension de la vérité et de la connaissance. Si notre perception est faillible et sujette à l'illusion, comment pouvons-nous discerner ce qui est véritablement réel ? Ce dilemme nous met au défi de reconnaître les limites de nos facultés sensorielles et souligne la nécessité de transcender la perception ordinaire pour atteindre des vérités supérieures.

De plus, le texte nous invite à une introspection plus profonde sur la nature de notre conscience. Il nous incite à considérer comment notre conditionnement mental et nos biais cognitifs influencent notre perception de la réalité. Cette contemplation dévoile la relation entre l'esprit et la perception du monde, conduisant finalement à la reconnaissance des voiles que nous nous sommes imposés et qui obscurcissent la véritable nature de la réalité.

Le rôle des sens dans la formation de la réalité :

L'expérience humaine est fondamentalement façonnée par les perceptions sensorielles, qui servent de canal à travers lesquelles nous interagissons avec le monde. Chacun de nos cinq sens – la vue, l'ouïe, le toucher, le goût et l'odorat – joue un rôle crucial dans la compréhension de notre environnement extérieur.

Les sensations sensorielles constituent la base de nos expériences quotidiennes et influencent nos pensées, nos émotions et nos actions. La Gîtâ souligne que ces perceptions sensorielles ne sont pas intrinsèquement défectueuses, mais qu'elles peuvent plutôt nous égarer si elles ne sont pas contrôlées. Elle met en évidence la tendance de l'esprit à s'attacher à la gratification sensorielle, ce qui conduit à une perception déformée de la réalité.

Le texte aborde également le concept des indriyas, ou organes internes de perception, qui s'étendent au-delà des cinq sens traditionnels pour englober l'esprit et l'intellect. L'interaction des indriyas avec les entrées sensorielles externes souligne encore davantage la complexité de la perception humaine et de la formation de la réalité.

La Gîtâ expose également l'idée selon laquelle un esprit et des sens incontrôlés peuvent conduire à l'illusion que les activités matérielles sont la source ultime du bonheur. En succombant à l'attrait des plaisirs sensoriels, les individus peuvent s'écarter de leur véritable objectif et perdre de vue leur essence spirituelle.

Pour surmonter les limites imposées par les perceptions sensorielles, la Bhagavad-Gîtâ prône l'autodiscipline et la maîtrise des sens. Elle éclaire le chemin de la conscience de soi et exhorte les individus à transcender l'attrait passager de la gratification sensorielle dans la poursuite de l'épanouissement spirituel. Grâce à la pratique de la pleine conscience, on peut acquérir la maîtrise des sens, ce qui permet une perception plus claire et plus précise de la réalité et une connexion plus profonde avec le moi intérieur.

Perspectives védantiques sur Maya :

Dans la tradition védantique, Maya est souvent décrite comme l'illusion cosmique qui voile la véritable nature de la réalité. Selon le Vedanta, l'univers est une projection de l'esprit et Maya est la force qui crée l'apparence de multiplicité et de diversité dans le monde. Ce concept est profondément enraciné dans les Upanishads et constitue un aspect fondamental de la philosophie Advaita Vedanta. Les érudits et les sages védantiques ont exposé la nature de Maya à travers diverses écritures, commentaires et traités philosophiques, offrant un aperçu de ses implications pour l'existence humaine et l'évolution spirituelle.

D'un point de vue védantique, Maya n'est pas une simple illusion à rejeter ou à transcender, mais plutôt un voile qu'il faut percer pour appréhender l'unité sous-jacente de l'existence. Les enseignements soulignent que la réalité ultime, connue sous le nom de Brahman, est au-delà de la portée des sens et de la compréhension rationnelle, et que Maya empêche les individus de réaliser leur nature essentielle d'êtres divins. En approfondissant l'étude de Maya, on peut acquérir une compréhension plus profonde de l'interaction entre la conscience, la perception et le monde phénoménal, conduisant finalement à des réalisations spirituelles.

Le Vedanta affirme que Maya opère à la fois au niveau individuel et au niveau cosmique, se manifestant par l'ignorance, le désir et l'attachement qui lient les individus au cycle de la naissance et de la mort. Par une introspection rigoureuse et une introspection personnelle, les praticiens védantiques cherchent à démêler la nature illusoire de leurs identités individuelles et à cultiver une conscience de leur divinité inhérente. Les idées philosophiques offertes par le Vedanta servent de guide pour expérimenter les illusions du monde matériel et trouver la libération du cycle du Samsara.

De plus, le Vedanta présente le concept de Maya comme une expression dynamique de la puissance créatrice divine, facilitant le jeu du cosmos tout en dissimulant simultanément la vérité sous-jacente. Comprendre Maya dans ce cadre permet aux individus d'apprécier la coexistence harmonieuse de la diversité apparente et de l'unité immuable, nourrissant ainsi un sentiment de respect et de révérence pour la tapisserie de la création. Cela encourage un changement de perspective, de la perception de Maya comme une force trompeuse à sa reconnaissance comme un catalyseur de croissance et de réalisation spirituelles.

Interpréter Maya à travers une perspective moderne :

Interpréter la théorie maya à travers une perspective moderne implique d'examiner sa pertinence dans le contexte des sciences cognitives, des neurosciences et du discours philosophique contemporain. L'exploration de la théorie maya à la lumière de la psychologie cognitive explore les mécanismes de perception, de cognition et de construction de la réalité dans l'esprit humain. Cette approche interdisciplinaire met en lumière la façon dont le cerveau humain traite les informations sensorielles et construit des expériences subjectives, influençant ainsi les interprétations individuelles de la réalité. En outre, la recherche neuroscientifique a fourni des informations sur les limites et les biais perceptifs qui façonnent notre compréhension du monde, offrant des parallèles convaincants avec le concept de Maya en tant que projection illusoire.

D'un point de vue philosophique, les interprétations modernes de la mythologie maya établissent des liens avec l'existentialisme, la phénoménologie et la pensée postmoderne, incitant à la réflexion sur la nature de l'existence, de la vérité et du soi. L'examen de la mythologie maya à travers ces prismes suscite des questions provocatrices sur la nature de la réalité, la fluidité des vérités et les frontières entre ce qui est perçu et ce qui est réel. De plus, les progrès technologiques ont donné lieu à des discussions fascinantes sur la réalité virtuelle, la théorie de la simulation et les parallèles potentiels entre les environnements artificiels et la nature illusoire de la mythologie maya telle qu'élucidée dans les textes anciens.

Chapitre XVI
LA QUETE DE LA CONNAISSANCE

La nature de la vraie connaissance :

La véritable connaissance, souvent appelée « vidya » dans la Gîtâ, incarne la conscience de la nature intrinsèque de la réalité et du soi. Cette forme de connaissance n'est pas seulement cognitive mais aussi expérientielle, issue d'une profonde connexion avec les principes divins exposés dans la Gîtâ. La nature de la véritable connaissance englobe une compréhension des aspects éternels et transitoires de l'existence, élucidant l'interaction entre l'essence immuable du soi et les manifestations impermanentes du monde matériel. Elle implique de reconnaître l'unité sous-jacente au sein de la diversité apparente de la création, éclairant ainsi l'interdépendance de tous les êtres. En outre, la Gîtâ souligne que la véritable connaissance dépasse la compréhension empirique, dépassant les limites de la perception et de l'intuition. Elle implique une compréhension intuitive des vérités universelles et une compréhension holistique de la mosaïque de l'existence. Ce fondement philosophique accentue la nécessité pour les chercheurs de transcender les dualités du monde phénoménal et de développer une perspective globale qui englobe les dimensions spirituelles, morales et éthiques de la vie.

Connaissance contre ignorance :

La connaissance, telle que décrite dans les Écritures, englobe bien plus qu'une simple compréhension intellectuelle ; elle s'étend au domaine de la sagesse intuitive et de la réalisation de soi. La véritable connaissance, appelée « jnana » dans la Gîtâ, transcende les limites de la compréhension empirique ou rationnelle. Elle implique une compréhension expérimentale de l'interdépendance de toute existence, de l'impermanence des phénomènes matériels et de l'unité sous-jacente du divin. Cette connaissance supérieure libère l'individu des cycles de naissance et de mort et conduit à l'illumination.

L'ignorance, appelée « avidya », représente un état d'aveuglement et d'illusion spirituelle. Elle obscurcit la véritable nature de la réalité et perpétue l'attachement aux phénomènes transitoires, ce qui conduit à la souffrance et à l'enchevêtrement dans le monde matériel. La Gîtâ souligne que l'ignorance n'est pas seulement l'absence de connaissance, mais une force substantielle qui voile la divinité inhérente à chaque être. Elle favorise l'égoïsme, les désirs et l'aversion, enfermant encore plus les individus dans le réseau de l'illusion.

Le texte montre que la quête du savoir est un moyen de dissiper l'ignorance et de percer les mystères de l'existence. En cultivant le discernement et la conscience de soi, on peut progressivement surmonter les voiles de l'ignorance et acquérir une vision des vérités éternelles exposées dans la Gîtâ. De plus, les Écritures affirment que l'éradication de l'ignorance nécessite non seulement l'acquisition de la connaissance, mais aussi la pratique de vertus telles que l'humilité, la compassion et le détachement.

Connaissance de soi - L'essence de la compréhension spirituelle :

La connaissance de soi, telle qu'exposée dans la Bhagavad-Gîtâ, représente la pierre angulaire de la compréhension et de la croissance spirituelles. Elle plonge au plus profond de la recherche de la véritable nature du soi, transcendant les couches superficielles de l'ego et du conditionnement social pour dévoiler la divinité innée de chaque individu. Cette recherche de soi conduit non seulement à un sens accru de l'introspection, mais favorise également un changement transformateur de conscience.

Dans la quête de la connaissance de soi, l'individu est appelé à s'engager dans une réflexion rigoureuse sur lui-même, à questionner le but de son existence et à mettre en lumière les motivations sous-jacentes qui motivent ses actions. Ce processus introspectif implique une confrontation honnête avec ses peurs, ses désirs et ses limites, servant de catalyseur à l'évolution personnelle et au dépassement de soi.

De plus, la Gîtâ éclaire la notion de connaissance de soi comme moyen de discerner l'essence éternelle de l'éphémère. En reconnaissant l'impermanence des possessions matérielles et des expériences passagères, les individus peuvent se détacher des chaînes des attachements mondains et acquérir une vision plus profonde de leur véritable identité en tant qu'êtres spirituels embarqués dans un voyage temporel.

La connaissance de soi est présentée comme un processus transformateur qui mène à la clarté et à la réalisation de soi. Grâce à la conscience de soi, on acquiert la capacité d'aligner ses pensées et ses actions sur son objectif supérieur, favorisant ainsi une intégration harmonieuse des royaumes intérieur et extérieur. Cet alignement intérieur devient le fondement d'un véritable épanouissement et d'une vie pleine de sens, transcendant la simple poursuite de plaisirs éphémères et de succès matériel.

La Gîtâ met l'accent sur l'interdépendance entre la connaissance de soi et l'acquisition de la sagesse spirituelle. Elle souligne le rôle central de la conscience de soi dans la compréhension des vérités universelles exposées par les enseignements divins, permettant ainsi aux individus d'interpréter et d'appliquer ces connaissances dans leur vie quotidienne. Cette compréhension holistique sert de boussole pour guider les individus vers une vie imprégnée de vertu, de compassion et de sagesse transcendantale.

L'interaction entre la connaissance et l'action :

Dans la Gîtâ, l'interaction entre la connaissance et la spiritualité met en lumière l'importance de s'engager dans des responsabilités mondaines tout en poursuivant une compréhension spirituelle. Le concept de « Karma Yoga » tel qu'il est exposé par le Seigneur Krishna met l'accent sur l'intégration de l'action désintéressée à la sagesse perspicace. Il met en évidence l'idée que la véritable connaissance s'acquiert non seulement par la contemplation et la compréhension, mais aussi par l'application de ces connaissances dans la vie quotidienne. Cette union de la connaissance et de l'action transmet que les actions de chacun doivent être gouvernées par la droiture, dénuées de tout attachement aux fruits du travail. En accomplissant leurs devoirs avec un sens de dévotion et de dévouement, les individus s'éveillent au pouvoir transformateur de l'action consciente. De plus, la Gîtâ enjoint les individus à agir sans désirs égoïstes ni ego, soulignant que de tels efforts désintéressés conduisent à l'enrichissement de l'âme et contribuent au bien commun.

L'intégration harmonieuse de la connaissance et de l'action présentée dans la Gîtâ souligne l'essence de la vie holistique, dans laquelle la recherche de l'illumination n'est pas détachée des engagements mondains, mais leur confère plutôt un sens et un but. Elle encourage les individus à aborder leurs responsabilités avec pleine conscience, compassion et intégrité, élevant ainsi les tâches banales au rang d'actes d'importance spirituelle. À travers le prisme de la Gîtâ, chaque action devient une opportunité de réalisation de soi et d'expression de ses vertus intérieures, renforçant l'interdépendance des domaines matériel et spirituel.

De plus, l'interaction entre la connaissance et l'action souligne le potentiel transformateur de l'alignement de ses actes sur des principes nobles et une conduite éthique. Les enseignements de la Gîtâ soutiennent que la sagesse dépourvue d'application pratique conduit à la stagnation, tandis que l'action dépourvue de perspicacité spirituelle peut perpétuer l'ignorance. Par conséquent, la Gîtâ transmet la compréhension que la véritable connaissance doit se manifester par une conduite juste, conduisant les individus à incarner des vertus supérieures et une intégrité morale. En actualisant la connaissance par une action vertueuse, les individus deviennent des agents de changement positif, contribuant à l'évolution harmonieuse d'eux-mêmes et du monde qui les entoure.

Intelligence divine :

L'un des thèmes centraux du discours de Krishna est le concept de « Buddhi » ou intelligence divine, qui représente le discernement inné et l'intuition supérieure qui conduisent les individus vers des actions justes et une croissance spirituelle. Selon Krishna, cette intelligence divine émane de la nature essentielle du soi et apporte de la clarté au milieu de la confusion et des dilemmes moraux. À travers la Gîtâ, Krishna élucide l'importance d'aligner ses actions sur les principes du dharma et du karma, soulignant ainsi le rôle central de l'intelligence divine dans la prise de décisions conscientes. De plus, Krishna transmet la sagesse concernant l'interdépendance de tous les êtres et la nature éternelle de l'âme, élucidant l'essence transcendante de l'existence et de la conscience. En intégrant ces enseignements dans sa vie, les individus peuvent cultiver une conscience et une harmonisation plus profondes avec l'intelligence divine qui imprègne le cosmos. De plus, les idées de Krishna mettent en évidence le pouvoir transformateur de l'amour et de la dévotion pour éveiller la sagesse endormie dans le cœur humain, soulignant le principe universel d'unité et de compassion. Ses enseignements encouragent les chercheurs à adopter une perspective expansive qui transcende les dualités et les limites, favorisant une relation harmonieuse avec l'intelligence suprême qui gouverne l'univers. Par la contemplation et l'introspection des discours de Krishna, les individus peuvent éveiller leur potentiel latent et atteindre un état de conscience supérieure, dans lequel l'intelligence divine devient une force directrice dans leur vie. Ainsi, les enseignements de Krishna dans la Bhagavad-Gîtâ offrent une feuille de route pour aligner sa conscience avec l'intelligence divine qui orchestre la danse cosmique de la création, de la préservation et de la dissolution.

Le rôle de l'intuition et de la raison dans la quête de la sagesse :

L'intuition, souvent décrite comme une forme de connaissance intérieure ou de perspicacité, joue un rôle crucial pour guider les individus vers des vérités et une compréhension plus profondes. Contrairement aux connaissances empiriques dérivées d'expériences sensorielles, l'intuition transcende les limites de l'intellect, offrant des perspectives qui défient toute explication logique. Dans le contexte de la Gîtâ, l'intuition est étroitement liée au soi supérieur ou à la conscience divine, servant de canal à la révélation spirituelle et à l'illumination. Elle incite les individus à regarder au-delà des apparences superficielles et à se connecter à l'intelligence cosmique qui imprègne toute existence. Cependant, alors que l'intuition donne accès aux vérités, la raison agit comme son pendant, permettant la compréhension intellectuelle et l'assimilation de ces perspectives. La raison sert d'outil par lequel les révélations intuitives sont analysées, synthétisées et appliquées dans des contextes pratiques. La Gîtâ met l'accent sur l'intégration harmonieuse de l'intuition et de la raison, reconnaissant que les deux facultés sont essentielles à l'atteinte et à l'application de la sagesse. Il met en garde contre les dangers d'une confiance excessive dans l'intuition, sans l'influence modératrice de la raison, qui pourrait conduire à des interprétations erronées et à des actions irréalisables. À l'inverse, une confiance excessive dans la raison au détriment de l'intuition peut restreindre la compréhension aux limites de la connaissance conventionnelle et de la logique, empêchant ainsi la réalisation de vérités spirituelles plus profondes.

Chapitre XVII
LE RÔLE DU GURU

Le rôle du gourou en tant que catalyseur de la transformation intérieure est profondément enraciné dans les traditions spirituelles de nombreuses cultures et philosophies, y compris les enseignements de la Bhagavad-Gîtâ. Un véritable gourou est bien plus qu'un simple instructeur ; il incarne la sagesse et l'illumination recherchées par le chercheur sincère. Sa présence et ses conseils ont le potentiel de déclencher un processus d'éveil intérieur et d'évolution chez le disciple.

Au cœur de cette influence catalytique se trouve la capacité du gourou à transmettre des vérités spirituelles par ses paroles, ses actes et même sa présence silencieuse. La relation mentor-disciple est souvent caractérisée par le transfert d'énergie spirituelle, connu sous le nom de shaktipat, où la conscience éclairée du gourou influence et élève la conscience de l'aspirant dévoué. Cette transmission subtile peut réveiller des facultés endormies et initier des changements dans la conscience du disciple, conduisant finalement à une transformation intérieure.

De plus, le gourou sert de miroir, reflétant le potentiel le plus élevé du disciple. En incarnant les qualités de compassion, de sagesse et de réalisation de soi, le gourou fournit un exemple vivant d'accomplissement spirituel et guide le disciple vers la reconnaissance et la manifestation de sa propre nature divine latente. De cette façon, le rôle du gourou s'étend au-delà de la simple instruction, servant d'incarnation des plus hautes aspirations de l'aspirant et de rappel constant du potentiel de transformation intérieure.

La présence d'un gourou met également le disciple au défi de faire face à ses limites et à son conditionnement. En exposant les résistances et les illusions de l'ego, le gourou devient un agent de transformation, obligeant le disciple à s'engager dans une introspection et une recherche de soi profondes. Grâce à ce processus, le disciple commence à reconnaître et à démanteler les barrières qui entravent sa croissance spirituelle, ouvrant ainsi la voie à la transformation intérieure et à la réalisation de soi.

Dans la riche mosaïque des traditions spirituelles, on trouve d'innombrables exemples de gourous exemplaires dont les enseignements ont laissé une marque indélébile sur leurs disciples et sur le monde en général. Ces études de cas servent d'illustration du pouvoir transformateur exercé par les maîtres éclairés pour guider leurs disciples vers la croissance spirituelle et la réalisation ultime. C'est en examinant en profondeur ces personnages historiques que nous acquérons un aperçu des diverses modalités des relations gourou-disciple et de la sagesse transmise.

Adi Shankaracharya est l'une de ces figures de proue, symbole de l'érudition et de la prouesse spirituelle dans l'Inde ancienne. Connu pour avoir unifié des écoles philosophiques divergentes sous l'égide de l'Advaita Vedanta, les enseignements de Shankaracharya continuent de résonner à travers les millénaires. Ses commentaires et ses compositions exposent la nature non duelle de la réalité, inculquant un sens d'introspection et de réalisation de soi à ses disciples.

Au XIXe siècle, le vénéré Ramakrishna Paramahamsa est devenu l'incarnation de la dévotion et de l'expérience transcendantale. Ses conseils révolutionnaires ont mis l'accent sur la nature universelle des voies spirituelles, transcendant les frontières de la caste, de la croyance et des affiliations religieuses. Au moyen de paraboles et de démonstrations apparemment simples mais profondément transformatrices, Ramakrishna a illuminé le cœur et l'esprit de nombreuses personnes, y compris l'illustre Swami Vivekananda, qui a perpétué son héritage à travers le monde.

Dans un contexte culturel différent, l'ère moderne a vu l'émergence de sommités spirituelles telles que Paramahansa Yogananda, dont les enseignements ont trouvé un profond écho auprès des chercheurs du monde entier. L'accent mis par Yogananda sur le Kriya Yoga comme approche scientifique de l'évolution spirituelle et son ouvrage fondateur « Autobiographie d'un yogi » continuent d'inspirer d'innombrables personnes dans leur quête de réalisation de soi et d'harmonie intérieure.

Cependant, le chemin vers l'illumination spirituelle est souvent entravé par des barrières profondément ancrées chez les individus. Parmi ces obstacles, l'ego et la résistance se distinguent comme des obstacles redoutables sur le chemin qui mène à la guidance d'un gourou. L'ego, caractérisé par un fort sentiment d'importance personnelle et d'attachement à l'identité personnelle, peut créer un voile d'ignorance qui entrave la réceptivité de l'individu à la sagesse et aux enseignements. Cet égocentrisme empêche l'individu de reconnaître ses limites et de s'ouvrir au pouvoir transformateur de la guidance du gourou.

De même, la résistance, qui naît de la peur, du scepticisme ou de la réticence au changement, peut étouffer la volonté d'accepter et de mettre en pratique les conseils spirituels. Le confort de la familiarité et l'appréhension de s'aventurer dans des territoires inconnus conduisent souvent à une attitude défensive qui empêche d'adopter de nouvelles perspectives proposées par le gourou. Il est essentiel de reconnaître que la résistance agit comme un mécanisme de protection pour l'ego, qui préserve ses croyances et convictions existantes. Cependant, cette fortification empêche l'expansion de la conscience et l'assimilation des idées que le gourou cherche à transmettre.

De plus, le conditionnement social et les influences culturelles peuvent intensifier les barrières de l'ego et de la résistance. Les normes et les valeurs dominantes peuvent instiller une rigidité dans l'état d'esprit, inhibant la volonté de remettre en question les paradigmes établis et de s'adapter aux visions du monde alternatives proposées par le gourou. Ces influences peuvent engendrer un sentiment de supériorité ou d'infériorité, alimentant davantage l'ego et perpétuant la résistance. De plus, les expériences passées, les traumatismes et les déceptions peuvent cultiver une disposition défensive qui protège l'individu de la vulnérabilité et de l'ouverture indispensables à une véritable croissance spirituelle.

Pour surmonter ces obstacles, il faut faire preuve d'introspection et cultiver l'humilité. Reconnaître les limites de sa propre connaissance et renoncer au besoin de contrôle sont des étapes essentielles pour démanteler le bastion de l'ego et de la résistance. Cultiver une attitude de réceptivité et de confiance dans les conseils du gourou peut desserrer l'emprise de l'ego et dissoudre les obstacles à la transformation. Grâce à un effort conscient et à la pratique, les individus peuvent progressivement s'aligner sur la sagesse du gourou, transcender les contraintes de l'ego et de la résistance et se lancer dans un voyage d'éveil intérieur.

Chapitre XVIII
RENONCIATION

Fondements philosophiques du Sannyasa :

La renonciation, connue sous le nom de sannyasa, occupe une place importante dans les Écritures et est considérée comme un chemin vers la libération spirituelle. La Gîtâ explique que la véritable renonciation ne consiste pas à abandonner ses devoirs et ses responsabilités, mais plutôt à atteindre un état mental libre de tout attachement aux fruits de ses actions. Cette distinction souligne l'importance de la transformation intérieure par rapport à la renonciation extérieure.

La Gîtâ présente le renoncement comme un élément essentiel pour atteindre la clarté spirituelle et la réalisation de soi. Elle enseigne qu'en cultivant le détachement des résultats de nos efforts, les individus peuvent atteindre un sentiment de liberté intérieure. De plus, le renoncement est décrit comme un instrument pour transcender l'ego et réaliser l'interdépendance de tous les êtres. En renonçant au désir de gain personnel, on peut aligner ses actions sur l'harmonie universelle.

L'un des principes philosophiques clés de la Gîtâ est la notion de karma yoga, ou la voie de l'action désintéressée. Ce concept montre que la renonciation n'est pas synonyme d'inactivité ou de retrait du monde, mais qu'elle implique plutôt l'accomplissement de ses devoirs tout en maintenant un état d'esprit détaché. En s'engageant dans un service désintéressé et en s'acquittant de ses responsabilités sans attendre de récompense, les individus peuvent purifier leur esprit et cultiver un esprit de renoncement.

De plus, la Gîtâ nous transmet l'idée du jnana yoga, la voie de la sagesse, comme moyen de comprendre la véritable essence du renoncement. Grâce à la recherche de la connaissance et à l'introspection, les individus peuvent acquérir une vision de la nature transitoire de l'existence matérielle et de la nature éternelle du moi. Cette compréhension conduit à un renoncement naturel aux attachements mondains et à une évolution vers la recherche des vérités spirituelles.

Les fondements philosophiques de la renonciation dans la Gîtâ soulignent également l'importance du bhakti yoga, la voie de la dévotion. En s'abandonnant de tout cœur au divin et en cultivant une profonde connexion dévotionnelle, les individus peuvent éprouver un sentiment de détachement des plaisirs éphémères du monde matériel. Cet aspect de la renonciation souligne le pouvoir transformateur de l'amour inconditionnel et du dévouement à une réalité supérieure.

Renonciation vs. Action :

Dans la Bhagavad-Gîtâ, la juxtaposition du renoncement et de l'action donne lieu à un paradoxe philosophique qui exige une analyse minutieuse. D'un côté, le texte prône la voie du renoncement, en insistant sur le détachement des fruits de l'action et sur la nature transitoire des possessions matérielles. De l'autre, il prône également les vertus de l'action juste et de l'accomplissement du devoir sans attachement aux résultats. Cette contradiction apparente constitue le nœud du dilemme d'Arjuna sur le champ de bataille de Kurukshetra et prépare le terrain pour le discours du Seigneur Krishna. Pour résoudre ce paradoxe, il faut approfondir les enseignements de la Gîtâ et saisir la relation nuancée entre le renoncement et l'action. Au fond, la Gîtâ ne prône pas le rejet des responsabilités ou l'abstention d'agir. Au contraire, elle propose le concept d'accomplir son devoir de manière désintéressée, sans se laisser guider par les désirs ou l'ego. Cela s'inscrit dans la philosophie plus large de Nishkama Karma – l'accomplissement d'une action sans attachement au résultat. La renonciation, dans le contexte de la Gîtâ, ne nécessite pas une vie d'inaction ou de retrait du monde. Au contraire, elle appelle à une transformation intérieure où l'on reste indifférent à l'attrait des gains matériels tout en s'engageant activement dans le monde. La Gîtâ souligne que la renonciation est un état d'esprit dans lequel un individu agit avec un sentiment d'équanimité, libre de motivations et de désirs égoïstes. Cette compréhension permet de faire face à l'équilibre entre l'engagement mondain et l'élévation spirituelle. De plus, le texte souligne que la véritable renonciation réside dans l'abandon de l'ego, et pas seulement des possessions extérieures. En transcendant les désirs égocentriques qui propulsent souvent les actions, les individus peuvent accomplir leurs devoirs comme une offrande, transformant ainsi chaque tâche en un acte sacré. Par conséquent, la dichotomie entre renonciation et action se dissout, laissant place à une intégration harmonieuse des deux, où chacune se complète sur le chemin de la libération.

Formes de sacrifice :

Le sacrifice va au-delà des simples offrandes matérielles ou des actes rituels. Il incarne l'esprit d'altruisme et d'abandon, poussant les individus à transcender leurs désirs égoïstes et à aligner leurs actions sur des principes spirituels supérieurs. Une forme importante de sacrifice est le « yajna », souvent traduit par le rituel sacrificiel, symbolisant l'offrande de ses actions au divin et l'interdépendance de toute existence. Cet ancien concept védique encourage les individus à accomplir leurs devoirs avec dévotion et pleine conscience, en reconnaissant l'interdépendance inhérente de tous les êtres.

Une autre forme essentielle de sacrifice consiste à renoncer aux fruits de ses actions. Cela implique de renoncer à l'attachement aux résultats et d'accepter l'accomplissement de ses devoirs pour leur valeur intrinsèque plutôt que pour son gain personnel. En cultivant cette attitude de non-attachement, les individus se libèrent de l'esclavage du désir et cultivent un sentiment d'équanimité, indépendamment du succès ou de l'échec.

En outre, l'acte d'offrir des connaissances, connu sous le nom de « vidya-yajna », représente une forme de sacrifice. En partageant la sagesse, les individus participent à l'élévation de la conscience collective, contribuant ainsi à l'élévation spirituelle de la société dans son ensemble. Cette forme de sacrifice souligne le potentiel transformateur des connaissances et la responsabilité de les diffuser pour le bien commun.

Au-delà de ces formes traditionnelles, les actes de service et de charité sont des expressions tangibles du sacrifice. Que ce soit par le biais de services bénévoles ou d'actions philanthropiques, les individus expriment leur altruisme et leur compassion, reconnaissant le réseau interconnecté de l'humanité. De tels actes altruistes profitent non seulement à ceux qui sont dans le besoin, mais purifient également le cœur et favorisent un sentiment d'interdépendance et d'empathie.

La libération par le détachement :

La libération par le détachement peut être comprise comme un processus de transformation où les individus se débarrassent de leur attachement au monde matériel transitoire, pour adopter à la place un état de conscience transcendantale. Ce voyage implique un changement conscient de la poursuite des désirs et des attachements éphémères vers la reconnaissance de l'essence du soi. En renonçant aux exigences de l'ego et en s'identifiant à l'âme, les individus ouvrent la voie à la libération ultime.

La voie de la libération par le détachement, décrite dans la Gîtâ, préconise la pratique de l'action désintéressée tout en renonçant aux motivations et aux désirs personnels. Cela n'implique pas une aversion pour les responsabilités matérielles ou un renoncement aux devoirs sociaux. Au contraire, cela souligne l'importance d'accomplir ses devoirs avec diligence, tout en restant détaché des conséquences. En attribuant les fruits de ses actions à un principe supérieur et universel plutôt qu'à un gain personnel, l'individu s'aligne sur l'ordre cosmique, transcendant ainsi le cycle de l'enchevêtrement karmique.

La Gîtâ expose également le concept de détachement comme moyen d'atteindre l'équanimité au milieu des dualités de la vie - joie et tristesse, succès et échec, éloges et critiques. Grâce au détachement, les individus développent leur résilience et leur force intérieure, devenant insensibles aux marées ondulantes des expériences de la vie. Libérés de la tyrannie des fluctuations émotionnelles, ils restent fermes dans leurs convictions, enracinés dans un sens inébranlable de soi.

Le potentiel transformateur du détachement réside dans sa capacité à conduire les individus vers la réalisation de soi et la libération. En gravissant l'échelle spirituelle, ils apprennent à percevoir la divinité impérissable en eux-mêmes et en tous les êtres, favorisant un sentiment d'interconnexion avec le cosmos. En démêlant les voiles d'illusion tissés par le monde matériel, ils acquièrent clarté et perspicacité, reconnaissant la nature transitoire de l'existence empirique et embrassant la vérité éternelle qui sous-tend toute la création.

En fin de compte, la Bhagavad-Gîtâ proclame que la libération par le détachement n'est pas un idéal utopique lointain mais un objectif atteignable pour tout chercheur sérieux. Elle nous invite à nous lancer dans une odyssée intérieure, en nous libérant progressivement des chaînes de l'attachement et de l'illusion. En parcourant ce chemin sacré, nous nous éveillons à la liberté et à la félicité innées qui sommeillent en nous, nous ouvrant la voie à un état de libération sublime qui transcende les limitations du temps et de l'espace.

Le rôle de la volonté personnelle dans la véritable renonciation :

La renonciation, souvent associée à l'abandon des attachements et des désirs mondains, exige une compréhension profonde de la nature de la volonté personnelle et de son alignement avec les principes spirituels supérieurs. Vyâsa se penche sur ce sujet, offrant des aperçus inestimables sur la façon dont la volonté personnelle peut être exploitée pour faciliter la véritable renonciation. L'une des considérations fondamentales pour comprendre le rôle de la volonté personnelle dans la renonciation est la distinction entre l'ambition individuelle et le dévouement de l'aspirant à la volonté divine. Souvent, la volonté personnelle est liée aux ambitions, aux désirs et aux attachements, créant des conflits intérieurs qui entravent le chemin de la renonciation. Grâce aux enseignements de Vyâsa, nous apprenons que la véritable renonciation nécessite un changement d'orientation de la volonté personnelle ; elle nécessite la réorientation des désirs individuels vers l'harmonie universelle et le service désintéressé. La véritable renonciation n'implique donc pas l'abandon de la volonté personnelle, mais sa sublimation et son alignement avec la plus grande volonté cosmique. En reconnaissant et en acceptant le potentiel transformateur de la volonté personnelle, les individus peuvent affronter le chemin du renoncement avec clarté et détermination, transcendant les limites imposées par les désirs égoïstes.

De plus, Vyâsa souligne l'importance de l'introspection et de l'introspection pour discerner les motivations qui sous-tendent nos actions et nos aspirations. Grâce à des pratiques contemplatives et à une réflexion profonde, les individus peuvent cultiver la conscience de soi et mieux comprendre la nature de leur volonté personnelle. Ce processus permet aux aspirants de reconnaître l'influence subtile des désirs et des attachements motivés par l'ego, ouvrant ainsi la voie à la purification et au raffinement de la volonté personnelle. Dans ce contexte, la renonciation devient un voyage intérieur qui consiste à abandonner les inclinations égocentriques et à aligner la volonté personnelle sur les principes universels de compassion, d'intégrité et de vérité. En harmonisant la volonté personnelle avec les valeurs altruistes, les individus non seulement progressent spirituellement mais contribuent également à l'élévation de la conscience humaine.

Un aspect crucial du rôle de la volonté personnelle dans la véritable renonciation réside dans la culture de la résilience et d'une détermination inébranlable sur le chemin spirituel. Les enseignements de Vyâsa soulignent la nécessité pour les aspirants d'exploiter leur volonté personnelle comme une force puissante pour surmonter les défis et les adversités rencontrés au cours de la poursuite de la renonciation. En cultivant une résolution et une persévérance inébranlables, les individus peuvent faire face aux complexités de l'existence terrestre tout en restant inébranlables dans leur engagement envers les idéaux spirituels. Grâce à l'application disciplinée de la volonté personnelle, les aspirants cultivent la force intérieure nécessaire pour soutenir leurs aspirations spirituelles, même au milieu des turbulences des circonstances extérieures. Cet esprit résilient, fortifié par l'alignement conscient de la volonté personnelle avec les principes spirituels, devient une lumière directrice éclairant le chemin de la renonciation, conduisant les chercheurs vers la transformation intérieure et la libération ultime.

Devoir et renoncement :

Vyâsa souligne que le devoir ou le Dharma doit constituer le fondement de la vie d'un individu. S'il est essentiel d'adhérer aux devoirs prescrits, Vyâsa souligne également l'importance de les accomplir sans s'attacher aux résultats. Cette orientation fait écho au message plus large de la Gîtâ sur l'action désintéressée, soulignant l'importance de consacrer ses efforts au bien commun plutôt qu'à la recherche d'un gain personnel. En alignant ses actions sur les principes de droiture et d'intégrité, les individus peuvent transcender les limites de l'ego et du désir, ouvrant ainsi la voie à la croissance spirituelle.

De plus, les réflexions de Vyâsa nous éclairent sur la notion de renoncement, non pas comme un simple abandon de devoirs, mais comme une disposition mentale caractérisée par le détachement et la pureté intérieure. Selon Vyâsa, le renoncement doit être cultivé intérieurement, permettant aux individus d'assumer leurs responsabilités matérielles sans être liés par leurs désirs et leurs attachements matériels. Cette compréhension nuancée du renoncement sert de principe directeur, encourageant les individus à s'acquitter de leurs obligations tout en maintenant un état de détachement des aspects transitoires de l'existence.

En s'appuyant sur les enseignements de Vyâsa, il devient évident que la réconciliation entre devoir et renoncement repose sur la culture d'un état d'esprit d'équilibre et de discernement. La sagesse de Vyâsa offre une perspective holistique sur la vie équilibrée et pleine de sens, dans laquelle les individus honorent consciencieusement leurs obligations tout en cultivant un esprit de détachement des fruits de leurs actions. Grâce à cette approche intégrée, Vyâsa guide les chercheurs dans un voyage transformateur vers la réalisation de soi, démontrant que la poursuite du devoir et le renoncement ne doivent pas nécessairement exister en opposition.

Chapitre XIX
LA TRANSCENDANCE DE LA FOI

La dynamique entre la foi et la connaissance :

Dans la Bhagavad-Gîtâ, l'interaction entre la foi et la connaissance est un thème central qui sous-tend le cheminement spirituel d'Arjuna et aborde les aspects fondamentaux de l'existence humaine. Au cœur de la Gîtâ se trouve l'idée d'une intégration harmonieuse de la foi et de la sagesse, les reconnaissant comme des facettes complémentaires essentielles à la croissance spirituelle. La dynamique entre la foi et la connaissance est tissée dans le dialogue entre Krishna et Arjuna, offrant un aperçu de la nature de la croyance et de la compréhension.

La foi, caractérisée par une confiance et une conviction inébranlables, sert de fondement à l'édifice de la pratique spirituelle. C'est par la foi que les individus se lancent dans leur quête de la vérité, embrassant l'invisible et transcendant les limites de la connaissance empirique. En revanche, la connaissance fournit le cadre de la compréhension, du discernement et de la recherche intellectuelle. Elle permet aux chercheurs de comprendre l'ordre cosmique, de reconnaître les illusions du monde matériel et d'atteindre la clarté dans l'expérience des complexités de la vie.

Bien que divergentes, la foi et la connaissance convergent dans la Gîtâ pour créer une approche holistique de la réalisation de soi. Krishna explique que grâce à une foi inébranlable, on accède à des vérités supérieures et on fait l'expérience de la grâce divine. Simultanément, l'acquisition de la connaissance favorise le discernement, conduisant à une compréhension plus profonde de soi, de l'existence et de la réalité ultime. Ainsi, la Gîtâ remet en question la dichotomie entre la foi et la raison, en prônant leur relation symbiotique dans la poursuite de l'évolution spirituelle.

De plus, le texte souligne que la foi authentique n'est pas une adhésion aveugle, mais une croyance éclairée, ancrée dans la compréhension et l'expérience personnelle. Il encourage les individus à cultiver la foi par la réalisation directe, l'exploration intérieure et la guidance d'êtres éclairés. La vraie foi, telle que décrite dans la Gîtâ, est dynamique et transformatrice, permettant aux individus de transcender le doute et l'adversité avec une conviction résolue.

De plus, la dynamique entre foi et connaissance est soulignée dans la transformation d'Arjuna tout au long du récit. D'abord en proie au doute et à l'angoisse morale, Arjuna fait preuve d'une crise de foi, remettant en question sa droiture et son devoir. Au fur et à mesure que le dialogue progresse, il acquiert une perspicacité et une clarté, alignant ses actions sur la sagesse spirituelle tout en maintenant une foi inébranlable dans les enseignements de Krishna. Son voyage illustre l'interaction entre la foi et la connaissance, culminant dans sa réalisation du dharma et de l'identité.

La foi en action – Le rôle du service dévotionnel :

Dans la Bhagavad-Gîtâ, le concept de service dévotionnel, également connu sous le nom de « bhakti yoga », joue un rôle important dans le façonnement du cheminement spirituel des individus. Cette approche met l'accent sur le pouvoir de l'amour, de la dévotion et du service désintéressé pour atteindre l'union avec le divin. La foi en l'action, ou karma yoga, est profondément liée à cette forme de dévotion, soulignant l'importance d'accomplir ses devoirs sans s'attacher aux résultats.

Le service de dévotion implique le dévouement désintéressé de ses actions, de ses pensées et de ses émotions à un but supérieur, en reconnaissant la présence divine dans chaque aspect de la vie. Grâce à cette optique, même les tâches banales peuvent être transformées en actes d'adoration, permettant aux individus de cultiver une connexion plus profonde avec le divin et de transcender leurs désirs égocentriques.

La Gîtâ nous offre un aperçu du potentiel transformateur du service de dévotion, illustrant comment une foi authentique et une dévotion inébranlable peuvent élever la conscience d'un individu. En s'engageant dans des actes de service avec un cœur pur et un esprit libre de motivations égoïstes, on peut éprouver un sentiment d'unité et d'harmonie avec l'univers.

De plus, le rôle du service de dévotion s'étend au-delà de la croissance spirituelle personnelle ; il englobe également le bien-être des autres. La Gîtâ met l'accent sur l'idée de servir l'humanité comme un moyen d'honorer le divin en chaque être. Cette approche altruiste favorise un environnement de compassion, d'empathie et d'interdépendance, alimentant l'évolution collective de la société vers une plus grande harmonie et une plus grande paix.

Les enseignements de la Bhagavad-Gîtâ encouragent les individus à intégrer leur foi dans des actions concrètes et bienveillantes. En imprégnant chaque effort de sincérité et de dévotion, les individus peuvent contribuer au bien-être du monde tout en progressant simultanément sur leur chemin spirituel. De plus, la Gîtâ souligne que l'intention derrière une action revêt une importance primordiale, insistant sur l'importance d'accomplir des actes avec des motivations pures et désintéressées.

Récits de dévots exemplaires dans le texte :

La Bhagavad-Gîtâ est parsemée de récits puissants qui illustrent l'essence de la dévotion et son impact transformateur sur les individus. Ces récits illustrent de manière convaincante la foi et le dévouement inébranlables dont font preuve divers personnages du texte. L'un de ces dévots exemplaires est Arjuna, dont le parcours incarne la dévotion et l'engagement envers son devoir. Son combat intérieur et son abandon ultime à la direction divine du Seigneur Krishna démontrent la profondeur de sa foi et de sa dévotion.

Un autre récit remarquable est celui de Prahlada, dont le dévouement inébranlable au Seigneur Vishnu au milieu des adversités met en évidence la résilience et la nature inébranlable de la véritable dévotion. La foi inébranlable de Prahlada sert d'exemple inspirant de la force spirituelle qui naît d'une véritable dévotion. De plus, le caractère vertueux de Draupadi, sa confiance inébranlable au Seigneur Krishna dans les moments de grande détresse et sa dévotion inébranlable à la droiture éclairent davantage l'incarnation de la dévotion face à l'adversité.

L'histoire d'Hanuman, vénéré pour sa dévotion désintéressée au Seigneur Rama, est un autre récit fascinant qui résonne avec l'essence d'une foi et d'un dévouement inébranlables. Son engagement inébranlable au service du Seigneur Rama, illustré par de nombreuses épreuves et tribulations, met en évidence l'impact de la pure dévotion sur les actions et le caractère d'une personne. Ces récits soulignent non seulement l'importance de la dévotion, mais illustrent également les diverses formes et expressions de la foi inébranlable dans différents contextes et personnages de la Gîtâ.

De plus, le récit de Sudama, un ami humble et dévoué du Seigneur Krishna, dépeint le pouvoir transformateur de la dévotion désintéressée et la réciprocité divine qu'elle évoque. Le récit de Sudama souligne l'idée que la véritable dévotion transcende les possessions matérielles et le statut social, en soulignant la pureté et la profondeur de la connexion du dévot avec le divin. Ces récits contribuent collectivement à une riche tapisserie de dévotion dans le paysage textuel de la Bhagavad-Gîtâ, offrant un aperçu du potentiel transformateur d'une foi et d'un engagement inébranlables envers le divin.

Interconnexion de la foi, du devoir et du dharma :

Dans la Bhagavad-Gîtâ, l'interrelation entre la foi, le devoir et le dharma est intégrée à la philosophie spirituelle. Au cœur de cette interconnexion se trouve le concept de svadharma, le devoir ou la vocation inhérente à chacun, basé sur les caractéristiques et les circonstances individuelles. La Gîtâ souligne l'importance d'accomplir ses devoirs avec une foi et un engagement inébranlables pour atteindre l'épanouissement spirituel. Cette interconnexion reflète le cadre philosophique hindou plus large, où le dharma, ou la droiture, sert de principe directeur à la conduite humaine. Le texte approfondit l'idée selon laquelle accomplir son devoir, motivé par la foi et la dévotion, n'est pas simplement un acte obligatoire, mais une responsabilité sacrée ancrée dans l'ordre cosmique. Il souligne l'importance d'aligner ses actions sur le dharma tout en cultivant une foi inébranlable dans l'orchestration divine de l'univers. À travers le dialogue entre Krishna et Arjuna, la Gîtâ explique que la véritable foi est indissociable de l'exécution consciencieuse de ses responsabilités, transcendant la simple observance rituelle pour incarner une éthique spirituelle.

De plus, l'interdépendance de la foi, du devoir et du dharma s'étend au-delà de la conduite individuelle pour englober l'harmonie sociétale et cosmique. La Gîtâ expose l'interdépendance de ces éléments dans le maintien de l'équilibre du monde. Elle souligne que le fait d'accomplir son devoir avec foi et dévotion contribue au bien-être général de la société et maintient l'ordre cosmique. D'un point de vue plus large, les directives éthiques et morales fournies par le dharma servent de force unificatrice, favorisant la cohérence et l'équilibre au sein de la mosaïque de l'existence. De plus, le texte souligne que la foi et la dévotion authentiques insufflent à l'exécution du devoir un sens du but, l'élevant de simples obligations contractuelles à une entreprise spirituelle. Cette élévation implique de reconnaître l'interdépendance de tous les êtres et d'adopter le principe du bien-être universel.

Chapitre XX
LA GRÂCE DIVINE

Le concept de grâce dans la spiritualité :

La grâce est une notion qui englobe la faveur imméritée, la bienveillance et l'assistance divine accordées aux individus par une puissance supérieure. Dans le domaine de la spiritualité, la grâce est considérée comme un attribut divin qui agit comme une force transformatrice, guidant les individus dans leur cheminement vers l'illumination et l'épanouissement spirituel.

Au cœur du concept de grâce se trouve l'idée de miséricorde et de compassion imméritées, selon laquelle les individus reçoivent des bénédictions et un soutien du divin malgré leurs limites et imperfections inhérentes. Cette reconnaissance constitue une puissante source d'espoir, de réconfort et d'assurance pour les chercheurs confrontés aux complexités de la vie. De plus, on pense souvent que la grâce opère au-delà des limites de la compréhension humaine, dépassant les limites de la logique et de la raison. Sa nature mystérieuse et transcendante suscite un sentiment d'émerveillement et de crainte, invitant à la contemplation et à l'introspection dans les profondeurs de l'identité spirituelle de chacun.

Dans diverses traditions spirituelles, le concept de grâce revêt diverses formes, chacune imprégnée de nuances culturelles et philosophiques uniques. Par exemple, dans la théologie chrétienne, la grâce est décrite comme l'amour et le pardon immérités accordés par Dieu à l'humanité, soulignant la nature rédemptrice et salvatrice de la bienveillance divine. À l'inverse, dans la philosophie hindoue, la grâce est perçue comme l'intervention divine qui accélère la progression d'un individu sur le chemin spirituel, nourrissant un profond sentiment de révérence et de dévotion envers l'ordre cosmique.

En outre, la notion de grâce sert de pont entre l'humain et le divin, favorisant une relation symbiotique fondée sur la confiance, l'abandon et la réceptivité. Elle met l'accent sur l'interdépendance entre le chercheur et la source de la grâce, en élucidant l'échange dynamique d'énergie et de conscience qui se produit lors des moments d'éveil et d'illumination spirituelle.

Aux prises avec les complexités de l'existence humaine, les individus trouvent souvent du réconfort dans la contemplation de l'omniprésence de la grâce, la percevant comme un phare d'espoir au milieu de l'adversité et de l'incertitude. La résonance de la grâce résonne dans les récits d'innombrables praticiens spirituels, faisant écho à des récits d'interventions miraculeuses, de transformations inexplicables et de rencontres fortuites qui ont profondément marqué leur vie.

Grâce et expérience humaine :

Dans le contexte spirituel, la grâce est souvent décrite comme une faveur imméritée et une assistance divine accordée à des individus par une puissance supérieure. Ce concept de grâce transcende les frontières religieuses et est largement reconnu comme une force qui influence l'expérience humaine. La relation symbiotique entre la grâce et l'expérience humaine est une riche tapisserie qui tisse le tissu de nos vies, façonnant nos perspectives, nos actions et notre compréhension du monde qui nous entoure.

Fondamentalement, le concept de grâce reconnaît l'interdépendance de tous les êtres et la bienveillance fondamentale qui sous-tend l'existence. Il évoque l'idée qu'il existe des forces indépendantes de notre volonté qui travaillent en harmonie avec nos parcours individuels, nous guidant vers la croissance, la résilience et l'illumination. Dans cette danse symbiotique, les humains jouent un rôle actif dans la co-création de leurs expériences tout en étant réceptifs à l'influence subtile mais transformatrice de la grâce.

L'expérience humaine, en revanche, englobe un large spectre d'émotions, de défis, de triomphes et de découverte de soi. C'est sur ce terrain que la grâce se manifeste, offrant du réconfort dans les moments difficiles, de l'inspiration dans les moments d'incertitude et de la force face à l'adversité. La relation symbiotique entre la grâce et l'expérience humaine est évidente dans les récits d'individus qui ont affronté les complexités de la vie avec une croyance inébranlable en la présence de la bienveillance divine. Leurs histoires illustrent comment la grâce devient une force directrice, éclairant le chemin à suivre et insufflant même aux moments les plus sombres la promesse d'espoir et de renouveau.

En outre, la relation symbiotique entre la grâce et l'expérience humaine s'étend au-delà du domaine des récits personnels pour englober les histoires collectives et les dynamiques sociétales. Elle se manifeste dans les actes de compassion, la résilience face à l'adversité et la capacité de pardon et de réconciliation. En faisant preuve de grâce les uns envers les autres, les humains perpétuent le cycle de la symbiose, créant des ondes de positivité et de bonne volonté qui se répercutent sur les communautés et les générations.

La grâce divine dans la vie quotidienne :

La grâce divine, bien que souvent considérée comme un concept abstrait, imprègne notre existence quotidienne de manière remarquable. Il est essentiel de développer une conscience aiguë des manifestations subtiles de la grâce dans nos vies, car cette reconnaissance peut enrichir profondément notre cheminement spirituel. Dans la Bhagavad-Gîtâ, Krishna souligne l'omniprésence de la grâce divine et son importance pour les individus en quête d'épanouissement spirituel.

Une façon de reconnaître la grâce divine dans la vie quotidienne est de profiter de moments de sérendipité ou d'opportunités inattendues qui se présentent avec un sentiment d'alignement parfait. Ces événements fortuits ne sont pas de simples coïncidences, mais peuvent être considérés comme des actes de grâce, nous guidant vers la croissance et la sagesse. De plus, le soutien et les encouragements que nous recevons des autres, souvent au moment où nous en avons le plus besoin, peuvent être considérés comme une expression tangible de la grâce divine à l'œuvre.

De plus, la beauté et l'harmonie que l'on trouve dans la nature nous rappellent constamment la bienveillance et la grâce inhérentes à l'univers. Le lever du soleil, l'éclosion d'une fleur et le rythme des marées reflètent tous la grâce qui soutient la vie et inspire la révérence. En nous immergeant dans la nature, nous pouvons accorder nos sens pour contempler la magnificence de la grâce divine au-delà des limites de l'effort humain.

D'autre part, la capacité de surmonter les défis ou les adversités peut être attribuée à la grâce divine, qui nous permet de supporter les épreuves et d'en sortir plus forts. Les actes de pardon et de réconciliation illustrent également le pouvoir transformateur de la grâce dans la guérison des relations et la promotion de la compassion. Rechercher et reconnaître ces exemples de grâce, même au milieu des difficultés, nous permet de discerner la bienveillance sous-jacente du divin au milieu des innombrables expériences de la vie.

Au-delà des rencontres individuelles, les expressions sociétales de bonté, d'altruisme et de progrès collectif peuvent être considérées comme des manifestations de la grâce divine à l'œuvre à travers l'humanité. Reconnaître et célébrer de tels moments insuffle un profond sentiment de gratitude et d'interdépendance, renforçant ainsi le tissu spirituel de nos communautés.

La grâce comme catalyseur de l'évolution spirituelle :

Dans la quête de l'évolution spirituelle, le concept de grâce revêt une importance particulière. La grâce est souvent considérée comme une force transformatrice qui permet aux individus de progresser sur leur chemin spirituel. Elle peut être considérée comme une intervention divine qui élève, guide et nourrit l'âme vers des sphères de conscience supérieures. La grâce n'est pas limitée par des frontières religieuses ou culturelles ; c'est plutôt un principe universel qui opère au-delà de la compréhension humaine.

La grâce sert de catalyseur à l'évolution spirituelle en inculquant aux individus un sentiment d'interdépendance et d'humilité. Lorsqu'ils reconnaissent la présence de la grâce dans leur vie, ils s'accordent à la divinité inhérente à eux-mêmes et aux autres. Cette prise de conscience favorise une attitude de gratitude et de révérence, conduisant à un alignement plus profond avec les vérités et les valeurs spirituelles. Par conséquent, le voyage vers la découverte de soi et l'illumination est facilité par la culture de la grâce.

En outre, la grâce agit comme une source de réconfort et de force dans les moments difficiles, permettant aux individus de supporter l'adversité avec résilience et foi. En reconnaissant le rôle de la grâce divine dans leur vie, les chercheurs de vérité sont habilités à affronter les obstacles et à transcender les limites. Cette résilience ouvre la voie à la croissance intérieure et à la réalisation de soi, les propulsant ainsi plus loin sur le chemin de l'évolution spirituelle.

De plus, la réception de la grâce engendre chez les individus un état de réceptivité et d'ouverture, leur permettant de percevoir plus intensément les nuances subtiles de l'existence. Cette sensibilité accrue conduit à des intuitions, à une sagesse intuitive et à une compréhension plus profonde de la structure interconnectée de l'univers. En conséquence, les individus connaissent une expansion de conscience, transcendant leurs perspectives limitées et évoluant vers un état d'être plus éclairé.

Chapitre XXI
LA NON-VIOLENCE COMME PRINCIPE

Ahimsa et son rôle dans la prise de décision éthique :

L'ahimsa, souvent traduite par non-violence ou non-violence, est l'une des vertus cardinales de l'hindouisme, du bouddhisme, du jaïnisme et d'autres systèmes de croyances. Elle souligne la reconnaissance universelle de la compassion, de l'empathie et du respect de la vie. Elle incarne le respect de tous les êtres vivants et prône la culture de l'harmonie, à la fois en soi et par rapport au monde extérieur. Ce principe éthique va au-delà de la simple abstention de tout préjudice physique et englobe les domaines mental, émotionnel et spirituel. Sa portée globale révèle l'interaction entre la conduite personnelle, l'éthique sociétale et l'interdépendance mondiale.

L'ahimsa est un principe directeur qui influence la manière dont les individus abordent les dilemmes moraux et les conflits sociaux. Au cœur du concept d'ahimsa se trouve la compréhension que tous les êtres vivants sont interconnectés et possèdent une valeur intrinsèque. Cette reconnaissance constitue la base fondamentale de la prise de décision éthique dans le cadre de la non-violence. Il faut considérer attentivement le préjudice ou la souffrance potentielle qui pourrait résulter de toute action ou inaction et s'efforcer de minimiser les effets négatifs sur les autres. L'application de l'ahimsa dans la prise de décision éthique va au-delà de la simple évitement de la violence physique. Elle englobe l'abstention de tout préjudice mental et émotionnel, ainsi que la reconnaissance et la lutte contre les injustices systémiques.

Les praticiens de l'ahimsa sont appelés à faire face à des paysages éthiques complexes en privilégiant la compassion, l'empathie et la préservation de la dignité. Cette approche favorise non seulement des relations interpersonnelles harmonieuses, mais aussi une société fondée sur le respect et la compréhension mutuels. De plus, l'ahimsa encourage le discernement dans l'évaluation des conséquences à long terme et incite les individus à rechercher des solutions pacifiques tout en préservant la justice et l'équité. Dans un monde de plus en plus interconnecté, où les dilemmes éthiques sont multiformes et de portée mondiale, les principes de l'ahimsa offrent un cadre pour expérimenter des processus décisionnels complexes.

La non-violence comme pratique spirituelle :

Dans la Bhagavad-Gîtâ, l'ahimsa n'est pas seulement un code de conduite externe, mais aussi une attitude intérieure qui s'aligne sur l'essence de la spiritualité. La pratique de l'ahimsa implique de cultiver la compassion, l'empathie et la compréhension envers tous les êtres vivants, transcendant les frontières des espèces, des races et des croyances. En adoptant la non-violence comme pratique spirituelle, les individus se lancent dans un voyage transformateur qui englobe les pensées, les paroles et les actions. Par cette pratique, on cherche à cultiver l'harmonie en soi et avec le monde en général.

L'Ahimsa est un principe spirituel qui pousse les individus à affronter leurs conflits et leurs désirs intérieurs. Il exige une profonde introspection de ses intentions et de ses motivations, encourageant les individus à agir avec amour et altruisme plutôt qu'avec égo ou agressivité. Cette exploration intérieure est fondamentale pour l'évolution spirituelle proposée dans la Bhagavad-Gîtâ, car elle conduit à la prise de conscience de son interdépendance avec toutes les formes de vie. De plus, la pratique de l'Ahimsa en tant que discipline spirituelle nécessite le développement de la résilience et de la patience face à l'adversité, permettant aux individus de répondre aux situations difficiles avec grâce et dignité.

L'impact de la non-violence en tant que pratique spirituelle s'étend au-delà de la sphère individuelle et entre en résonance avec la conscience collective. En incarnant les principes de l'Ahimsa, les individus contribuent à la création d'une société plus harmonieuse et plus compatissante. L'effet domino de leurs actions influence le tissu social, favorisant la compréhension, la coopération et la coexistence pacifique. De cette manière, la non-violence devient un catalyseur de transformation sociétale, éclairant le chemin vers l'unité et l'égalité.

De plus, la pratique spirituelle de l'Ahimsa permet aux individus de devenir des agents de changement positif dans le monde. En plaidant pour la justice, en s'opposant à l'oppression et en favorisant le dialogue plutôt que la discorde, les pratiquants de la non-violence incarnent les valeurs contenues dans la Bhagavad-Gîtâ. Leur engagement en faveur de la vérité et de la non-violence sert de phare d'espoir en période de troubles, inspirant les autres à adopter l'éthique de la non-violence dans leur vie. Cette influence transformatrice amplifie la pertinence de l'Ahimsa dans le monde contemporain, où son application a le potentiel de résoudre des problèmes sociopolitiques complexes et de favoriser une paix durable.

Ahimsa dans le monde moderne :

Dans le monde interconnecté et en évolution rapide d'aujourd'hui, la non-violence est d'une importance capitale. L'application de l'ahimsa prend de nouvelles dimensions à mesure que les sociétés sont confrontées à des défis éthiques et moraux complexes. Il ne s'agit pas d'un simple concept passif, mais d'une philosophie proactive qui guide les individus et les communautés vers la paix, l'empathie et la coexistence inclusive. Sa pertinence s'étend au-delà de la conduite individuelle pour englober la diplomatie internationale, les mouvements de justice sociale et les efforts de durabilité environnementale.

L'application de l'ahimsa dans le monde moderne exige une compréhension profonde de ses principes fondamentaux et un engagement à traduire ces principes en actions concrètes. Que ce soit dans le domaine de la gouvernance, de l'économie ou des relations interpersonnelles, les principes de non-violence offrent des solutions convaincantes aux problèmes contemporains. Par exemple, les techniques de communication non violente ont joué un rôle déterminant dans la résolution de conflits dans divers contextes culturels et politiques. Dans les affaires et l'économie, le concept de commerce équitable et de pratiques éthiques s'aligne sur l'esprit de l'ahimsa en favorisant des transactions équitables et des conditions de travail dignes.

En outre, la pertinence de l'ahimsa trouve son expression dans les mouvements mondiaux croissants en faveur des droits de l'homme, du bien-être animal et de la préservation de l'environnement. Les défenseurs et les activistes s'inspirent des principes de la non-violence pour défendre des causes qui cherchent à alléger la souffrance et à promouvoir l'harmonie. En examinant l'interdépendance de tous les êtres vivants, l'ahimsa offre une perspective transformatrice à travers laquelle relever les défis de l'ère moderne.

L'application de l'ahimsa soulève également des questions stimulantes concernant l'utilisation éthique de la technologie, la gestion responsable des ressources et la poursuite du développement durable. Alors que les progrès de la science et de la technologie continuent de façonner notre monde, l'intégration des principes de non-violence devient impérative pour guider les innovations qui donnent la priorité au bien-être humain et à l'équilibre écologique. En substance, l'ahimsa nous invite à réévaluer notre relation avec le monde naturel et à envisager un avenir où le progrès est synonyme de compassion et de respect de toute vie.

Quelques applications réussies de l'Ahimsa :

L'histoire a été marquée par de nombreux exemples d'individus et de communautés appliquant efficacement le principe d'ahimsa dans des situations réelles. L'un de ces exemples convaincants est le leadership du Mahatma Gandhi dans la lutte de l'Inde pour son indépendance face au régime colonial britannique. L'adhésion de Gandhi à l'ahimsa, associée à une résistance stratégique non violente, a non seulement inspiré une nation, mais a également ouvert la voie à la libération de l'Inde de la domination britannique. Son approche a démontré que les manifestations pacifiques et la désobéissance civile pouvaient avoir plus d'impact que les conflits armés, créant un puissant héritage mondial qui continue d'influencer les mouvements sociaux aujourd'hui.

Un autre cas d'étude notable est celui du mouvement des droits civiques aux États-Unis, où des personnalités comme Martin Luther King Jr. ont eu recours à des tactiques non violentes pour combattre la discrimination raciale et la ségrégation. Grâce à des actes de désobéissance civile non violents, tels que des boycotts, des sit-in et des marches pacifiques, des progrès significatifs ont été réalisés dans la lutte contre le racisme institutionnalisé. Le succès de ces initiatives a souligné l'efficacité de l'ahimsa dans la défense du changement sociétal sans recourir à la violence.

Dans un contexte plus contemporain, l'œuvre de Malala Yousafzai, lauréate du prix Nobel, illustre le potentiel transformateur de l'ahimsa. Malgré les violences et les persécutions extrêmes auxquelles elle a été confrontée, Malala est restée attachée à la non-violence, en utilisant l'éducation et le plaidoyer pour promouvoir l'égalité des sexes et l'accès à l'éducation pour les filles. Son dévouement indéfectible à l'activisme pacifique a non seulement amplifié son message à l'échelle mondiale, mais a également conduit à des améliorations tangibles des possibilités d'éducation pour les communautés marginalisées.

En outre, la campagne Ahimsa Parmo Dharma initiée par les communautés jaïnes met en évidence l'importance de la non-violence pour répondre aux préoccupations environnementales et éthiques. Ce mouvement prône un mode de vie durable, le bien-être animal et la préservation de l'environnement par des moyens non violents, en mettant l'accent sur l'interdépendance de toutes les formes de vie.

Ahimsa et autres philosophies :

L'ahimsa a des racines profondes dans la philosophie et les traditions spirituelles orientales et se compare à d'autres philosophies importantes du monde entier. L'une des comparaisons les plus frappantes peut être établie entre l'ahimsa et le concept de « non-agression » dans la pensée éthique occidentale, en particulier dans le contexte de la philosophie morale et politique. Alors que la non-agression se concentre sur le fait de s'abstenir de recourir à la force ou à la coercition, l'ahimsa englobe un spectre plus large qui s'étend au-delà de la violence physique pour inclure les dommages mentaux et émotionnels. Cette distinction cruciale éclaire la nature globale de l'ahimsa en tant que principe directeur d'une vie harmonieuse. En outre, la comparaison avec la philosophie stoïcienne fournit des informations précieuses sur les fondements éthiques de l'ahimsa. Les stoïciens mettaient l'accent sur la culture de la tranquillité intérieure et la poursuite de la vertu comme moyens d'atteindre une vie épanouie. De même, l'ahimsa prône la paix intérieure et la droiture morale comme éléments essentiels dans la quête d'une société juste et compatissante. En comparant ces philosophies, nous pouvons mieux comprendre les valeurs universelles qui sous-tendent l'Ahimsa. En examinant l'Ahimsa avec la tradition judéo-chrétienne, en particulier le commandement « Tu ne tueras point », des parallèles apparaissent dans le respect fondamental de la vie. Cependant, l'accent mis sur l'amour et le pardon dans le christianisme enrichit la discussion, en soulignant l'interdépendance de l'Ahimsa avec la compassion et la miséricorde en tant que principes fondamentaux pour favoriser la coexistence pacifique. Dans le domaine du confucianisme, le concept de « ren », souvent traduit par « bienveillance » ou « humanité », ressemble à l'accent mis par l'Ahimsa sur la gentillesse et l'empathie. Les deux philosophies soulignent l'importance de cultiver un comportement vertueux et de cultiver des relations harmonieuses au sein de la société, soulignant l'importance d'une conduite éthique pour façonner une communauté juste et prospère.

Chapitre XXII
ILLUMINATION ET CONSCIENCE

La nature de la conscience - Conscience et réalité :

La conscience, souvent considérée comme l'essence de l'être, est un concept énigmatique qui représente la trame sous-jacente de notre existence et éclaire l'interdépendance de tous les êtres sensibles. L'exploration de la conscience plonge dans les aspects fondamentaux de la perception, de la cognition et de la conscience de soi, offrant un aperçu de la nature de la réalité et de l'expérience humaine. Dans le contexte de la Bhagavad-Gîtâ, la conscience est décrite comme transcendant les limites du monde matériel, offrant une passerelle vers l'éveil spirituel.

La conscience est un état de conscience qui permet aux individus de percevoir leur environnement, de traiter les informations et de s'engager dans l'introspection. Elle englobe non seulement les expériences sensorielles de la vue, de l'ouïe, du toucher, du goût et de l'odorat, mais aussi les domaines plus profonds de la pensée, de l'émotion et de l'intuition. Grâce à une conscience accrue, les individus acquièrent un sens accru de clarté, de concentration et de pleine conscience, leur permettant de transcender les contraintes de l'existence mondaine et d'adopter une compréhension holistique de soi et de l'univers.

De plus, l'exploration de la conscience est étroitement liée au concept de réalité, car elle incite les individus à s'interroger sur la nature de l'existence et sur les véritables constituants du monde qui les entoure. Dans de nombreuses traditions spirituelles, notamment dans les enseignements de la Bhagavad-Gîtâ, la réalité est perçue comme multidimensionnelle, s'étendant au-delà du domaine observable et tangible. La conscience sert de lentille à travers laquelle les individus peuvent discerner les différentes couches de la réalité, dévoilant des vérités qui dépassent la compréhension conventionnelle.

De plus, la Bhagavad-Gîtâ illustre la conscience comme le canal permettant de percevoir l'essence divine en soi et dans tous les êtres vivants, soulignant l'interdépendance de toute la création. Cette perspective met en lumière l'harmonie et l'unité intrinsèques qui sous-tendent la diversité et la division apparentes du monde, favorisant un profond sentiment d'empathie, de compassion et de révérence pour toutes les formes de vie. Ainsi, la culture d'une conscience accrue s'aligne sur la poursuite de l'évolution spirituelle, permettant aux individus de transcender les perspectives égocentriques et d'adopter une vision du monde plus inclusive et harmonieuse.

Distinctions entre Lumières et Connaissance :

L'illumination et la connaissance sont souvent utilisées de manière interchangeable dans le discours spirituel et philosophique, mais elles représentent des états distincts de conscience et de compréhension. La connaissance fait généralement référence à des informations factuelles ou théoriques acquises par l'apprentissage, l'étude ou l'expérience. Elle se rapporte à l'accumulation de données, de concepts et de principes sur le monde, ses phénomènes et divers sujets de recherche. D'autre part, l'illumination transcende la simple cognition intellectuelle et englobe un changement de conscience et de perception. Elle dénote une réalisation expérientielle des vérités universelles, de la sagesse intérieure et de l'interdépendance de toute existence. Alors que la connaissance peut être compartimentée et catégorisée, l'illumination imprègne chaque aspect de l'être et catalyse une transformation holistique. De plus, la connaissance peut être transmise à partir de sources externes telles que des livres, des enseignants ou des observations, tandis que l'illumination naît de l'intérieur et est vécue comme une révélation ou un éveil direct. De plus, alors que la connaissance est sujette au changement et à l'évolution, en fonction des nouvelles découvertes et des progrès, l'illumination représente un état immuable de perspicacité et de clarté. Elle ne repose pas sur une validation ou une vérification externe, mais émane d'une connexion profonde avec son moi authentique et l'essence divine de l'univers. De plus, alors que la connaissance peut favoriser la supériorité intellectuelle ou la séparation, l'illumination favorise l'humilité, la compassion et le sentiment d'appartenance à un tout plus vaste.

Le rôle de l'intuition et de la révélation intérieure :

Si la connaissance et la raison jouent un rôle dans la compréhension du monde, l'intuition permet de mieux comprendre la nature de la réalité et de soi-même. Elle transcende les limites de la logique et de la rationalité, permettant aux individus d'accéder à une source de sagesse qui dépasse l'intellect. La révélation intérieure, souvent décrite comme un éveil ou une intuition spirituelle, a le pouvoir de dévoiler des vérités sur l'existence et l'interdépendance de toute vie. Dans la quête de l'illumination, cultiver et faire confiance à son intuition est primordial.

Tout au long de l'histoire, de nombreuses traditions spirituelles ont vénéré l'importance de l'intuition et de la révélation intérieure. Dans La Bhagavad-Gîtâ, le Seigneur Krishna souligne l'importance de la sagesse intuitive, guidant Arjuna à faire confiance à sa connaissance intérieure face aux dilemmes moraux et aux questions existentielles. De même, dans les philosophies orientales telles que le taoïsme et le bouddhisme zen, le concept de compréhension intuitive, connu respectivement sous le nom de « wu wei » et de « satori », souligne l'importance de puiser dans un niveau de conscience plus profond au-delà de la compréhension intellectuelle.

D'un point de vue psychologique, des penseurs renommés comme Carl Jung ont reconnu l'influence de l'intuition sur la conscience humaine. Il a décrit l'existence de l'inconscient collectif, un réservoir d'archétypes symboliques partagés et de modèles universels auxquels on peut accéder par l'intuition et la révélation intérieure. Jung pensait que l'intégration de ces éléments dans la conscience était essentielle pour parvenir à une psyché harmonieuse et équilibrée.

Les techniques pratiques pour aiguiser l'intuition comprennent les pratiques de pleine conscience, la méditation et les exercices contemplatifs qui permettent aux individus de s'accorder à des signaux internes subtils. Grâce à une meilleure conscience de soi et à une plus grande réceptivité, on peut commencer à discerner les signaux subtils de l'intuition au milieu du bruit de la vie quotidienne. De plus, favoriser une attitude ouverte et réceptive à l'égard des idées intuitives facilite l'intégration de cette dimension dans les processus de prise de décision et le développement personnel.

Obstacles sur le chemin vers une conscience supérieure :

S'engager sur le chemin vers une conscience supérieure et l'illumination est un voyage semé d'embûches et d'obstacles. Ces obstacles, qu'ils soient internes ou externes, empêchent souvent les individus de réaliser pleinement leur potentiel spirituel. L'un des principaux obstacles est l'attrait incessant des distractions matérielles dans le monde actuel, axé sur le consommateur et qui évolue à un rythme effréné. Le bombardement constant d'informations, de technologies et de désirs matériels peut détourner l'attention de l'introspection et de la croissance spirituelle. De plus, les normes sociétales et les pressions culturelles peuvent créer des obstacles à la poursuite d'une compréhension plus profonde de la conscience et de l'illumination. La peur d'être mal compris ou aliéné par la société dominante peut être un facteur inhibiteur pour les individus en quête d'élévation spirituelle. De plus, l'esprit humain lui-même constitue un obstacle sur le chemin vers une conscience supérieure. Les schémas de pensée négatifs, le doute de soi et les biais cognitifs peuvent obscurcir la capacité d'une personne à percevoir la réalité avec clarté et peuvent entraver la poursuite de l'illumination. De plus, les attachements aux biens matériels, aux relations et à l'ego peuvent agir comme de redoutables obstacles sur le chemin vers la transcendance. Un autre obstacle important est le manque de conseils ou de mentorat sur le chemin spirituel. Sans une orientation et un soutien appropriés de la part de praticiens expérimentés, les individus peuvent avoir du mal à faire face aux complexités de la croissance spirituelle et peuvent rencontrer des revers.

Regards comparatifs des philosophies du monde :

Dans les philosophies orientales telles que l'hindouisme et le bouddhisme, le concept d'illumination est profondément enraciné dans la réalisation de soi et la transcendance du cycle de la souffrance. L'accent mis sur la méditation, la pleine conscience et la culture de la paix intérieure comme moyen d'atteindre l'illumination distingue ces traditions. L'interdépendance de tous les êtres vivants et l'impermanence de la réalité matérielle sont des enseignements clés qui sous-tendent la quête de l'épanouissement spirituel.

À l'inverse, les traditions philosophiques occidentales, notamment les philosophies gréco-romaines antiques et les développements ultérieurs de l'existentialisme et de la phénoménologie, se sont penchées sur les questions de l'existence humaine et sur la quête de sens. La quête de la sagesse, de la raison et la contemplation des vertus éthiques ont été au cœur de ces traditions. Les œuvres de philosophes comme Aristote, Platon et Nietzsche proposent des réflexions sur la nature du moi, les valeurs morales et le but ultime de la vie humaine.

La sagesse spirituelle présente dans les traditions indigènes de diverses cultures, telles que les philosophies amérindiennes, africaines et aborigènes d'Australie, apporte des perspectives uniques sur l'interdépendance, l'harmonie avec la nature et le caractère sacré de toute vie. Ces traditions soulignent souvent l'importance de vivre en équilibre avec le monde naturel et de reconnaître la valeur intrinsèque de chaque aspect de la création, offrant ainsi un aperçu de l'unité de toute existence.

Chapitre XXIII
MÉDITATION

La méditation comme discipline vitale :

La méditation est une discipline à part entière des pratiques spirituelles décrites dans la Bhagavad-Gîtâ, offrant un chemin vers la conscience de soi et la tranquillité intérieure. Ce n'est pas simplement une activité de loisir occasionnelle, mais plutôt une condition préalable essentielle pour parvenir à une compréhension plus profonde de soi-même et de l'univers. La pratique de la méditation nécessite un engagement et une discipline sans faille, car elle plonge au cœur de l'être, invitant à l'introspection et à l'illumination. Grâce à une méditation disciplinée, les individus peuvent démêler leurs pensées et leurs émotions, favorisant ainsi la clarté mentale et l'équilibre émotionnel. La nature vitale de cette discipline réside dans sa capacité à élargir la conscience au-delà des aspects mondains de l'existence et à puiser dans le domaine transcendantal de la spiritualité. De plus, la méditation est un outil puissant pour expérimenter les complexités de la vie, offrant un sanctuaire de sérénité au milieu du chaos et des exigences du monde extérieur. Elle fournit aux individus la résilience et la force d'âme nécessaires pour affronter les défis avec équanimité, renforçant ainsi leur force et leur résilience intérieures. De plus, la vitalité de la méditation est soulignée par son potentiel à créer un alignement harmonieux entre l'esprit, le corps et l'âme, favorisant ainsi le bien-être holistique. En cultivant la conscience du moment présent et en s'accordant aux rythmes de l'univers, les individus accèdent à une source inépuisable de paix intérieure et de contentement. Cette vitalité inhérente propulse la méditation au-delà du domaine d'une simple pratique et l'élève au statut de force indispensable au maintien de la vie. En fin de compte, l'intégration de la méditation en tant que discipline vitale dans le cheminement spirituel d'une personne invite les individus à une transformation, enrichissant leur vie de sens, de clarté et de nourriture spirituelle.

Le rôle de la pleine conscience dans la méditation :

La pleine conscience consiste à concentrer son attention sur le moment présent, à reconnaître ses pensées, ses sensations et ses émotions sans porter de jugement. Lorsqu'elle est intégrée à la méditation, la pleine conscience sert de force directrice, permettant aux individus de développer une compréhension de leur fonctionnement intérieur. Grâce à cette forme de conscience de soi, les praticiens peuvent observer leurs schémas mentaux, favorisant ainsi un sentiment de clarté et de perspicacité dans leurs processus de pensée.

La pleine conscience est également un outil de gestion des distractions pendant la méditation, permettant aux individus de s'ancrer dans l'expérience actuelle et de se détacher des pensées vagabondes. En exploitant le pouvoir de la pleine conscience, les méditants peuvent entretenir une connexion plus profonde avec le présent, dévoilant la richesse de chaque instant qui passe. Cet état de conscience accru ne se limite pas aux moments passés en méditation mais s'étend à la vie quotidienne, favorisant un sentiment de tranquillité et de calme.

De plus, la pleine conscience s'aligne sur les enseignements fondamentaux de la Bhagavad-Gîtâ, qui soulignent l'importance d'être pleinement présent dans chaque action et de vivre la vie de tout son cœur. En intégrant la pleine conscience dans la trame de la méditation, les pratiquants peuvent affiner leur capacité à s'engager dans le monde de manière authentique et intentionnelle. L'union de la pleine conscience et de la méditation ouvre la voie à la réalisation de soi et à la paix intérieure, en favorisant une relation harmonieuse entre l'esprit, le corps et l'âme.

La paix intérieure par la méditation :

En approfondissant l'art de la méditation, les pratiquants commencent à découvrir la tranquillité qui réside en eux. Le fait de s'asseoir en contemplation silencieuse permet à l'esprit de se calmer, dissolvant progressivement le bavardage incessant et l'aGîtâtion des pensées qui affligent souvent notre conscience. Grâce à une pratique dévouée, les individus peuvent puiser dans une source de sérénité, favorisant un sentiment de calme qui imprègne chaque facette de leur être. Ce processus de culture de la paix intérieure par la méditation implique un effort conscient pour abandonner les attachements, les désirs et l'emprise de l'ego, permettant ainsi l'émergence d'un état d'esprit paisible. De plus, la méditation sert d'outil de découverte de soi, offrant aux individus l'opportunité d'explorer les profondeurs de leur paysage intérieur, d'affronter leurs peurs et finalement de trouver la paix en eux-mêmes. Au fur et à mesure que la pratique s'approfondit, les individus découvrent un sentiment inébranlable de résilience, leur permettant d'affronter les défis de la vie avec équanimité et grâce. Cultiver la paix intérieure par la méditation n'est pas simplement une entreprise passive, c'est une démarche qui permet de se sentir en paix. La méditation permet aux individus d'acquérir la force et le courage nécessaires pour faire face à l'adversité tout en incarnant un sentiment d'harmonie qui s'étend à leurs interactions avec les autres. De plus, la culture de la paix intérieure par la méditation a des implications de grande portée, s'étendant au-delà de l'individu pour créer un effet d'entraînement qui touche la vie de ceux qui les entourent. Elle favorise un environnement de positivité, de compassion et de compréhension, contribuant ainsi au bien-être général de la société. Lorsque les individus s'immergent dans la pratique de la méditation, ils deviennent des phares de tranquillité, émettant une énergie apaisante qui résonne avec le monde en général. En cultivant la paix intérieure, les individus sont habilités à mener une vie guidée par la sagesse, la compassion et la clarté, ouvrant la voie à une existence plus harmonieuse pour eux-mêmes et pour les autres.

Intégration de la méditation dans la vie quotidienne :

Il est essentiel d'intégrer la méditation dans sa routine quotidienne pour profiter de ses bienfaits au-delà des moments de solitude. L'application holistique des principes méditatifs aux situations de la vie réelle favorise une existence plus équilibrée et harmonieuse. En intégrant la pleine conscience dans les activités quotidiennes, les individus peuvent cultiver une conscience accrue de leurs pensées, de leurs émotions et de leurs actions. Cette conscience accrue leur permet de répondre aux défis de la vie avec plus de clarté et de résilience.

La méditation ouvre également la voie à la régulation émotionnelle et à l'amélioration des relations interpersonnelles. En cultivant une paix intérieure profonde, les individus sont mieux équipés pour faire face aux interactions personnelles et professionnelles, ce qui conduit à une meilleure communication, à une meilleure empathie et à une meilleure compréhension. L'intégration de la méditation dans la vie quotidienne permet aux individus d'aborder les conflits et les facteurs de stress avec un sentiment de calme et d'équanimité, contribuant ainsi à un environnement plus harmonieux à la maison et au travail.

D'autre part, l'intégration de pratiques méditatives dans la routine quotidienne sert d'outil d'introspection et d'amélioration personnelle. En consacrant du temps à l'introspection et à la contemplation, les individus acquièrent des connaissances précieuses sur leurs schémas de pensée, leurs comportements et leurs valeurs. Cette conscience accrue de soi facilite la croissance personnelle et favorise un sens plus profond du but et de l'accomplissement. De plus, elle nourrit une connexion entre l'individu et le monde qui l'entoure, favorisant un sentiment d'interdépendance, de compassion et de gratitude.

L'intégration harmonieuse de la méditation dans la vie quotidienne nécessite une approche pratique. L'établissement de séances de méditation régulières à des moments précis de la journée, comme au réveil ou avant de dormir, renforce l'habitude de la pleine conscience et de l'introspection. De plus, l'intégration de techniques de pleine conscience dans des activités de routine telles que manger, marcher ou travailler améliore la continuité de la conscience méditative tout au long de la journée.

Chapitre XXIV
CONNAISSANCE DE SOI ET SAGESSE

Aperçu de la connaissance de soi :

La connaissance de soi est la pierre angulaire de la croissance personnelle et du développement spirituel. Elle englobe une compréhension profonde de ses croyances, de ses valeurs, de ses émotions et de ses motivations. Le chemin vers la connaissance de soi n'est pas seulement un exercice intellectuel, mais une exploration du paysage intérieur. Il exige une approche honnête et introspective, obligeant les individus à affronter leurs peurs, leurs insécurités et leurs vulnérabilités afin de mieux comprendre leur vraie nature. La connaissance de soi permet aux individus de reconnaître leurs forces et leurs limites, favorisant un sentiment d'authenticité et de but dans leur vie. Grâce à ce processus, les individus peuvent cultiver une plus grande conscience de soi et parvenir à une compréhension du monde qui les entoure. De plus, la connaissance de soi sert de catalyseur à la transformation personnelle, permettant aux individus de faire des choix conscients qui correspondent à leur vérité intérieure. Elle leur permet d'affronter les défis de la vie avec résilience et clarté, favorisant le développement de l'intelligence émotionnelle et de l'empathie. De plus, la quête de la connaissance de soi invite les individus à réfléchir à leurs expériences, à apprendre de leurs triomphes comme de leurs échecs. Cette pratique réflexive favorise la sagesse, la compassion et une connexion plus profonde avec soi-même et les autres. La quête de la connaissance de soi incite également les individus à explorer des questions existentielles sur la nature de l'existence, l'identité et le but, les conduisant sur un chemin de découverte de soi. En fin de compte, la connaissance de soi n'est pas seulement une entreprise individuelle ; elle a des implications de grande portée pour la conscience collective de la société.

À mesure que les individus acquièrent une connaissance plus approfondie de leur propre être, ils sont mieux équipés pour contribuer positivement à leur communauté et au monde en général.

Le voyage intérieur – Comprendre le moi intérieur :

Se lancer dans un voyage intérieur est une expérience transformatrice. Plonger dans les profondeurs de notre moi intérieur permet une exploration en profondeur de nos pensées, de nos émotions et de nos perceptions, menant à une meilleure compréhension de notre vraie nature. Cette odyssée intérieure favorise la conscience de soi et nous donne un aperçu de notre être. Face à ce labyrinthe de conscience, nous démêlons des couches de réponses conditionnées et d'influences sociétales, révélant finalement l'essence authentique qui se trouve au cœur de notre existence. Grâce à l'introspection et à la contemplation, nous gagnons en clarté sur nos désirs, nos peurs et nos motivations, ce qui nous permet de faire des choix conscients en accord avec notre objectif supérieur. De plus, la compréhension de notre moi intérieur permet aux individus de cultiver l'empathie et la compassion envers eux-mêmes et les autres, d'entretenir des relations harmonieuses et de favoriser la croissance personnelle. Le voyage intérieur agit comme un miroir, reflétant nos forces et nos vulnérabilités, nous propulsant vers l'acceptation de soi et la réalisation de soi. Il offre une opportunité de découverte de soi et de maîtrise de soi, permettant aux individus d'exploiter leur potentiel inné et de transformer leur vie. Ce processus d'exploration favorise la résilience émotionnelle et la force mentale, dotant les individus des outils nécessaires pour affronter les défis de la vie avec grâce et sérénité. De plus, la compréhension du moi intérieur éclaire l'interdépendance de tous les êtres, favorisant un sentiment d'unité et d'interdépendance avec le monde. Le voyage intérieur est une évolution continue, un déploiement continuel d'idées et de révélations qui façonnent notre perception de nous-mêmes et de notre place dans l'univers.

Le rôle de l'introspection :

L'introspection est un outil puissant dans la quête de la sagesse et de la découverte de soi. Elle implique de regarder vers l'intérieur, d'examiner nos pensées, nos émotions et nos motivations avec un œil averti. Grâce à l'introspection, on peut acquérir une meilleure compréhension de sa propre nature et démêler les complexités de l'esprit humain. Ce processus conduit souvent à un sens accru de la conscience de soi et à une meilleure compréhension du monde qui nous entoure.

Dans la quête de la sagesse, l'introspection sert de boussole, guidant les individus vers une compréhension de leurs croyances, de leurs valeurs et de leurs aspirations. En s'engageant dans des pratiques introspectives, les individus peuvent affronter leurs peurs, reconnaître leurs vulnérabilités et accepter leurs forces. Un tel examen de conscience permet de reconnaître des modèles de comportement, d'identifier des domaines de croissance personnelle et de favoriser un plus grand sentiment d'empathie envers les autres.

De plus, l'introspection favorise la pleine conscience, la pratique qui consiste à être pleinement présent dans l'instant présent. En réfléchissant consciemment à nos expériences et à nos réactions, nous cultivons un état de pleine conscience qui nous permet de prendre des décisions éclairées et de répondre de manière réfléchie aux défis de la vie. Grâce à cette conscience accrue, les individus sont plus susceptibles d'agir en accord avec leurs véritables valeurs et aspirations, ouvrant la voie à des choix et des résultats plus judicieux.

L'introspection facilite également le développement de l'intelligence émotionnelle, car elle encourage les individus à évaluer les émotions sous-jacentes qui motivent leurs pensées et leurs actions. En reconnaissant et en comprenant ces émotions, les individus peuvent affronter les relations interpersonnelles avec plus d'empathie, de compassion et d'authenticité. Cette conscience émotionnelle accrue contribue à la culture de la sagesse, car elle incite les individus à considérer les implications plus larges de leurs décisions et à se conduire avec intégrité et prévoyance.

De plus, l'introspection est un moyen de transformation personnelle. Elle permet aux individus de s'aventurer au-delà des observations superficielles et de plonger dans les profondeurs de leur psyché. Ce faisant, ils rencontrent des opportunités de découverte de soi, d'acceptation de soi et de croissance personnelle. En s'engageant activement dans des pratiques introspectives, les individus s'ouvrent à la possibilité de transcender les limites et d'évoluer vers leur moi le plus élevé.

Fondements philosophiques de l'Atman dans la littérature védique :

Les textes védiques, ancrés dans la sagesse ancienne et la recherche spirituelle, dévoilent l'essence de l'âme individuelle, l'Atman, et son lien éternel avec la conscience cosmique. Le Rigveda, l'une des plus anciennes écritures, fait allusion à l'omniprésence et à la nature immortelle de l'Atman, soulignant sa relation inhérente avec l'Esprit universel. Cette compréhension fondamentale pose les bases de l'exploration des dimensions métaphysiques de l'Atman dans les textes védiques ultérieurs. Les Upanishads, vénérées comme l'aboutissement de la pensée védique, explorent en profondeur la nature de l'Atman, élucidant son caractère transcendantal et son lien indissociable avec Brahman, la réalité ultime. Par le biais de discours et de contemplation méditative, les Upanishads prônent la réalisation de son vrai Soi, l'Atman, comme la clé de l'illumination et de la libération de l'esclavage du monde. De plus, la Bhagavad-Gîtâ, dialogue philosophique entre le Seigneur Krishna et Arjuna, renforce la nature inviolable de l'Atman, exhortant les individus à discerner l'essence impérissable en eux-mêmes au milieu des aspects transitoires de l'existence. Le texte met l'accent sur l'immuabilité et l'indestructibilité de l'Atman, procurant force morale et force intérieure face aux adversités. De plus, les Puranas et les Smritis décrivent le rôle de l'Atman dans la formation d'une conduite morale et d'une vie juste, guidant ainsi les individus vers la réalisation de soi et l'épanouissement spirituel.

Différences entre l'Atman et l'Ego :

Dans la Bhagavad-Gîtâ, le Seigneur Krishna nous éclaire sur la véritable nature du soi et sur la nature illusoire de l'ego. L'ego, souvent associé au mental, se définit par son attachement au monde matériel, son identification au corps physique et son sens de l'individualité. Il se nourrit de désirs, de peurs et d'insécurités, en quête constante de validation et en perpétuant un faux sentiment de séparation. À l'inverse, l'Atman représente l'essence éternelle et immuable d'un individu au-delà du monde physique. Il signifie l'étincelle divine présente en chaque être, connectée à la conscience universelle. Comprendre cette dualité est essentiel pour s'engager sur le chemin de la réalisation de soi.

L'ego, poussé par les attachements matériels et les expériences passagères, crée un voile qui obstrue la réalisation de l'Atman. Grâce à l'introspection et aux pratiques spirituelles, on peut commencer à discerner le fonctionnement de l'ego et son influence sur les pensées, les émotions et les comportements. Ce processus exige une conscience de soi, de l'humilité et une volonté de confronter les croyances limitantes et les schémas conditionnés. Au fur et à mesure que l'on enlève les couches de l'ego, la lumière rayonnante de l'Atman commence à briller, illuminant le chemin vers la transformation intérieure.

Une analyse spirituelle de l'Atman et de l'ego nécessite une exploration approfondie du concept d'identité. Dans le monde moderne, de nombreuses personnes tirent leur estime de soi et leur épanouissement de leurs activités extérieures telles que leurs réussites professionnelles, leur statut social et leurs possessions matérielles, ce qui est une manifestation de la domination de l'ego. Cependant, lorsque les chercheurs spirituels approfondissent leur introspection, ils se rendent compte que le vrai soi, l'Atman, transcende ces identifications superficielles. Cette prise de conscience incite à passer de la validation externe à l'harmonie interne, ce qui conduit à un sentiment d'objectif et d'interconnexion avec toute vie.

L'Atman est caractérisé par sa nature et ses qualités inhérentes de paix, de félicité et de sagesse. En revanche, l'ego est sujet aux fluctuations, aux attachements et aux fluctuations incessantes. En reconnaissant ces distinctions, les individus acquièrent une compréhension de la nature éphémère des activités motivées par l'ego et se connectent à la sérénité de l'Atman. Cette prise de conscience favorise un sentiment de libération des entraves du matérialisme, permettant aux individus d'adopter un mode de vie plus aligné sur la spiritualité.

Connaissance vs Sagesse :

Dans la quête de la découverte de soi et de la croissance spirituelle, il est essentiel de discerner la disparité entre la connaissance et la sagesse. Alors que la connaissance fait référence à l'accumulation d'informations et de faits acquis par l'apprentissage et l'expérience, la sagesse englobe la compréhension et l'application approfondies de cette connaissance dans le contexte de la vie et du monde qui nous entoure. La connaissance peut être obtenue par divers moyens tels que l'éducation, l'étude et l'observation, mais la sagesse va au-delà de la connaissance factuelle. Elle englobe le discernement, la perspicacité et la capacité de porter des jugements et de prendre des décisions éclairées. Essentiellement, la sagesse implique l'assimilation de la connaissance avec une réflexion introspective, une compréhension contextuelle et des considérations éthiques. Faire la distinction entre la connaissance et la sagesse implique de reconnaître que si la connaissance fournit le « quoi », la sagesse éclaire le « pourquoi » et le « comment ». La connaissance peut se rapporter à des théories et des principes, tandis que la sagesse se penche sur leur signification et leurs implications pratiques. En outre, la connaissance peut être partagée et transmise, mais la sagesse est un voyage personnel qui intègre ses valeurs et ses croyances à la compréhension du monde. Elle implique l'application des connaissances avec empathie, intelligence émotionnelle et prévoyance. Dans le domaine spirituel, la sagesse s'étend au-delà de l'expertise conventionnelle en intégrant des connaissances morales et existentielles. De plus, alors que la connaissance peut souvent être objective et universelle, la sagesse reflète souvent une compréhension subjective et personnalisée qui évolue à travers l'introspection, l'expérience et la maturité.

L'interaction entre l'esprit, le corps et l'âme :

L'interconnexion entre l'esprit, le corps et l'âme est un aspect fondamental de la connaissance de soi et de la sagesse intérieure. Dans divers textes anciens et traditions spirituelles, la nature holistique de l'existence humaine est soulignée, soulignant la relation entre ces trois composantes essentielles. Comprendre l'interaction entre l'esprit, le corps et l'âme est essentiel pour atteindre l'harmonie et l'équilibre dans nos vies.

L'esprit, avec ses pensées, ses émotions et son intellect, est le siège de la conscience et le point focal de nos processus mentaux. Il a le pouvoir de façonner nos perceptions, nos croyances et nos attitudes, influençant nos actions et nos expériences. Le corps, qui comprend la forme physique et ses fonctions physiologiques, est le vaisseau par lequel nous interagissons avec le monde extérieur. C'est une manifestation de notre état intérieur et un véhicule pour exprimer nos pensées et nos sentiments.

De plus, l'esprit, souvent interprété comme l'essence de notre être ou l'étincelle divine qui est en nous, transcende les limites du monde matériel. Il représente notre connexion à quelque chose de plus grand que nous-mêmes, évoquant un sens et un but dans la vie. L'interaction entre ces trois éléments constitue la base de notre bien-être holistique et de notre croissance spirituelle.

Dans de nombreuses pratiques contemplatives et enseignements philosophiques, l'intégration de l'esprit, du corps et de l'âme est mise en avant comme moyen de cultiver la conscience de soi et l'équilibre intérieur. En entretenant une relation harmonieuse entre ces aspects, les individus peuvent parvenir à une compréhension de leur fonctionnement interne et de l'interdépendance de toute vie. Des techniques telles que la méditation, le yoga et la pleine conscience visent à synchroniser l'esprit, le corps et l'âme, conduisant à un état de conscience et de transcendance accrus.

D'autre part, l'interaction entre l'esprit, le corps et l'âme va au-delà du bien-être individuel et a des implications plus larges pour la conscience collective et l'harmonie sociétale. Reconnaître la nature interconnectée de tous les êtres et de l'univers favorise la compassion, l'empathie et une appréciation plus profonde de l'existence. Cette prise de conscience peut inspirer des actions altruistes et un sentiment d'interdépendance, favorisant une transformation positive à l'échelle personnelle et mondiale.

La libération par la conscience de soi :

La libération par la conscience de soi est un concept fondamental profondément enraciné dans les enseignements de la Bhagavad-Gîtâ. Le texte souligne l'impact que la conscience de soi peut avoir sur le cheminement spirituel d'un individu vers l'illumination et la libération. La conscience de soi, dans ce contexte, fait référence à la compréhension et à la réalisation profondes de sa véritable nature au-delà des aspects transitoires du monde physique. Cela implique de reconnaître l'interdépendance du soi avec la conscience divine et l'énergie universelle qui imprègne toute l'existence. En cultivant la conscience de soi, les individus peuvent transcender les limitations de l'ego et atteindre un état de clarté et d'harmonie intérieure. Ce processus de réalisation de soi conduit à un sentiment de libération du cycle du samsara, le cycle répétitif de la naissance, de la mort et de la renaissance. Grâce à une conscience de soi accrue, les individus acquièrent une vision de leur divinité intrinsèque et établissent une connexion avec l'ordre cosmique. Cette connexion facilite la libération de l'attachement aux désirs matériels et à la poursuite des gains matériels motivée par l'ego. Au lieu de cela, les individus s'alignent sur le but supérieur de servir le bien commun et d'atteindre l'épanouissement spirituel. La Bhagavad-Gîtâ souligne le pouvoir transformateur de la conscience de soi en éclairant le chemin pour transcender la souffrance et atteindre la paix intérieure. Elle enseigne aux chercheurs à regarder vers l'intérieur et à explorer de manière introspective les profondeurs de leur conscience, se libérant ainsi des fardeaux de l'ignorance et de l'illusion. La libération par la conscience de soi n'implique pas le détachement du monde, mais plutôt un sentiment de présence et d'engagement dans les expériences de la vie, guidé par la sagesse et la perspicacité spirituelle. En comprenant pleinement les complexités de soi, les individus peuvent faire face aux défis de l'existence avec grâce et équilibre, sans se laisser influencer par les circonstances extérieures. Ce niveau de conscience de soi favorise la résilience, la compassion et une acceptation profonde de la nature en constante évolution de la réalité. Il encourage les individus à embrasser leur divinité inhérente et à incarner les vertus de l'amour, de la bonté et de l'empathie dans leurs interactions avec les autres. En fin de compte, la quête de la conscience de soi comme moyen de libération s'aligne sur les thèmes généraux de la Bhagavad-Gîtâ, favorisant l'évolution de la conscience et la réalisation de vérités éternelles qui transcendent les dimensions temporelles de l'existence humaine.

Le lien entre la connaissance de soi et l'unité avec l'univers :

La connaissance de soi, telle qu'exposée dans la Bhagavad-Gîtâ, nous donne un aperçu de l'interdépendance de l'Atman avec l'univers en expansion. En poursuivant la connaissance de soi, nous commençons à démêler les couches de l'existence conditionnée et nous réalisons que l'Atman n'est pas séparé mais tissé dans la trame du cosmos. Cette réalisation constitue la base pour parvenir à une unité harmonieuse avec l'univers.

Au cœur de ce lien se trouve la reconnaissance du fait que le moi individuel est fondamentalement connecté à la conscience universelle. La Bhagavad-Gîtâ enseigne que l'Atman, ou le vrai moi, est éternel et transcende les limites du temps et de l'espace. En cultivant une compréhension plus profonde de leur nature profonde par l'introspection et l'introspection, les individus découvrent l'essence universelle qui imprègne toute existence. Cette prise de conscience favorise un sentiment d'unité avec l'univers, conduisant à un sentiment d'interdépendance et d'empathie pour tous les êtres.

De plus, le lien entre la connaissance de soi et l'unité avec l'univers s'étend aux dimensions éthiques et morales de la vie humaine. Lorsque les individus reconnaissent la divinité inhérente à eux-mêmes grâce à la connaissance de soi, ils étendent naturellement cette reconnaissance aux autres, favorisant ainsi la compassion, la bonté et un mode de vie éthique. En réalisant que la même essence divine réside dans tous les êtres vivants, les individus sont contraints d'agir de manière désintéressée et responsable, contribuant ainsi positivement au bien-être collectif de la société.

La quête de la connaissance de soi engendre un profond respect pour le monde naturel et la toile de la vie. La compréhension du lien de l'Atman avec l'ordre cosmique conduit à une conscience écologique dans laquelle les individus ressentent un sentiment de responsabilité envers l'environnement et tous les organismes vivants. Cette conscience accrue cultive une relation durable et respectueuse avec la nature, en accord avec le principe de non-nuisance, ou ahimsa, qui est au cœur des enseignements de la Bhagavad-Gîtâ.

Chapitre XXV
LA DEVOTION EN ACTION

Bhakti – L'essence de la pratique dévotionnelle :

La Bhakti, la voie de la dévotion aimante, a été vantée comme un moyen fondamental d'atteindre l'union avec le divin. L'essence de la Bhakti réside dans l'amour, l'adoration et l'abandon au divin, transcendant les formalités et les barrières conventionnelles. Cette pratique dévotionnelle est profondément enracinée dans les écritures religieuses, les hymnes et la littérature de diverses cultures, soulignant le lien éternel entre le dévot et le divin. L'exploration des aspects et principes fondamentaux de la Bhakti tels que mis en évidence dans divers textes spirituels révèle un fil conducteur de foi inébranlable, d'amour désintéressé et de dévotion résolue à la divinité choisie ou à la forme du divin. L'évolution de la Bhakti peut être retracée à travers les annales de l'histoire, témoin de sa transformation des offrandes rituelles à une relation intime et personnelle avec le divin. Cette métamorphose reflète la quête humaine universelle d'accomplissement spirituel et de communion avec la puissance supérieure, indépendamment des frontières culturelles ou géographiques. En approfondissant l'essence de la Bhakti, il devient évident que cette pratique dévotionnelle englobe un large spectre d'expressions, du chant et de la danse extatiques à la contemplation silencieuse et au service de l'humanité. Au cœur du concept de Bhakti se trouve l'idée d'abandon désintéressé et d'absorption dans le divin, conduisant à la transcendance des attachements mondains et des désirs égocentriques. Elle illustre le désir inné de l'âme humaine d'une connexion plus profonde avec le divin, transcendant le banal et cherchant refuge dans l'éternel. Cet amour et cette dévotion ont été célébrés dans les chefs-d'œuvre littéraires, les traités philosophiques et la poésie dévotionnelle des saints et des mystiques, soulignant le pouvoir transformateur de Bhakti dans la vie des individus à travers le temps et l'espace.

Le principe de la dévotion :

La philosophie de la Bhakti repose sur le concept d'amour et d'adoration indéfectibles envers le divin, qui transcende les notions traditionnelles de pratiques religieuses et de dogmes. Elle souligne l'unité intrinsèque entre le fidèle et l'objet de la dévotion, en insistant sur une connexion profondément personnelle et intime avec le divin.

Au cœur du principe de Bhakti se trouve l'idée de soumission, qui consiste à placer une confiance et une foi sans réserve dans le divin, quels que soient ses désirs ou ses résultats personnels. Cet acte de soumission dénote une reconnaissance de la toute-puissance et de la bienveillance du divin, favorisant un sentiment d'humilité et de révérence chez le dévot. De plus, la philosophie Bhakti affirme que cette soumission englobe toutes les facettes de la vie d'une personne, imprégnant chaque pensée, chaque action et chaque émotion d'un esprit de dévotion.

La notion de grâce divine joue également un rôle essentiel dans la compréhension de la Bhakti. Le dévot, par son amour et son dévouement indéfectibles, recherche la grâce du divin, la considérant comme la source ultime de libération et d'épanouissement spirituel. Dans ce contexte, la dévotion est considérée comme un échange d'amour entre le dévot et le divin, ce dernier accordant des bénédictions et des conseils au premier.

En outre, Bhakti présente un cadre global pour comprendre les diverses manifestations du divin, en embrassant la nature multiforme de la spiritualité à travers les cultures et les traditions. Elle reconnaît et célèbre la pluralité des expressions de dévotion, illustrant que les chemins vers la communion divine sont aussi variés que les individus qui les empruntent. Cette inclusivité s'étend au-delà des frontières religieuses, en embrassant l'essence de la dévotion en tant qu'expérience humaine universelle, transcendant les divisions culturelles, géographiques et temporelles.

Il est important de noter que les fondements philosophiques de la Bhakti mettent l'accent sur le pouvoir transformateur de l'amour et de la dévotion. En s'immergeant dans la pratique de la Bhakti, les individus entreprennent un voyage intérieur, expérimentant un changement de conscience et de perspective. Cette transformation transcende le domaine de la simple croyance, devenant une réalité vécue qui imprègne chaque aspect de l'existence du dévot d'un but, d'un sens et d'une connexion spirituelle.

Formes de dévotion :

La dévotion, en tant qu'expérience humaine universelle, trouve son expression sous diverses formes dans les différentes cultures. Qu'elle se manifeste par des prières, des rituels, de la musique, de l'art ou des rassemblements communautaires, l'essence de la dévotion transcende les frontières mondiales, unissant les individus dans leur quête de la grâce divine. Dans l'hindouisme, le mouvement Bhakti a élevé les pratiques dévotionnelles au premier plan, mettant l'accent sur l'attachement personnel et l'amour pour le divin comme véritable voie vers l'accomplissement spirituel. Les différents bhavas ou états émotionnels tels que shringara (romantique), vatsalya (parental) et sakhya (amical) enrichissent encore davantage le paysage de la dévotion, offrant aux fidèles différentes possibilités d'exprimer leur amour et leur révérence envers le divin. De plus, le concept de seva, ou service désintéressé, est profondément lié à la pratique de Bhakti, soulignant l'importance de servir les autres comme un acte de dévotion.

Au-delà des frontières de l'hindouisme, la tradition islamique incarne la dévotion à travers la pratique du dhikr, le souvenir d'Allah par la récitation et la méditation. Cet acte de souvenir constant insuffle un sentiment de paix intérieure et d'élévation spirituelle, favorisant une connexion profonde avec le divin. De même, dans le christianisme, les pratiques dévotionnelles telles que la récitation du rosaire, la participation à la messe ou aux pèlerinages servent d'expressions tangibles de la foi et de l'adoration, rapprochant les individus de Dieu. En outre, la tradition soufie de l'islam célèbre le concept d'amour divin, utilisant la musique, la danse et la poésie comme véhicules pour exprimer la dévotion et atteindre l'union mystique avec le Bien-aimé. Dans les philosophies orientales, y compris le bouddhisme et le taoïsme, la dévotion s'incarne sous la forme de révérence, d'humilité et de présence consciente, reflétant un profond respect pour l'interdépendance de toute existence et la poursuite de l'éveil spirituel. Par des prosternations, des chants et des offrandes, les fidèles honorent les êtres éclairés et recherchent leur orientation sur le chemin de l'illumination.

L'impact du Bhakti sur la psyché individuelle :

Le bhakti, la voie de l'amour dévotionnel et de l'adoration, pénètre profondément dans les domaines de la conscience humaine, nourrissant un sentiment de connexion émotionnelle avec le divin. Lorsque les pratiquants s'immergent dans les pratiques dévotionnelles, ils expérimentent une élévation de leur paysage émotionnel intérieur. Le pouvoir transformateur du bhakti devient évident car il engendre des sentiments d'amour, de joie et de révérence chez le pratiquant.

Cette forme de dévotion agit comme un catalyseur de découverte de soi et d'introspection, encourageant les individus à se lancer dans un voyage spirituel qui favorise un profond sentiment d'accomplissement et de contentement. Par l'expression de l'amour et de la dévotion envers le divin, les pratiquants apprennent à cultiver une conscience accrue de leur monde intérieur. Le bhakti les conduit à affronter et à transcender leurs luttes personnelles, contribuant ainsi à la guérison émotionnelle et au bien-être psychologique.

De plus, l'impact de Bhakti s'étend au-delà de l'individu pour englober les dimensions sociales et communautaires plus larges. Lorsque les fidèles s'immergent dans des rituels dévotionnels et des chants en congrégation, un sentiment d'unité émerge, liant des personnes d'horizons divers dans une expérience spirituelle partagée. Ce lien communautaire favorise un sentiment d'appartenance et d'interdépendance, offrant réconfort et soutien aux personnes confrontées aux défis de la vie.

Au niveau cognitif, la pratique du bhakti insuffle des émotions positives, telles que la gratitude, la compassion et l'optimisme dans l'esprit des pratiquants. Ces changements émotionnels se manifestent par un meilleur bien-être mental, contribuant à réduire le stress, l'anxiété et la dépression. De plus, la culture de l'amour inconditionnel par le bhakti ouvre des voies au pardon, à l'acceptation et à l'empathie, enrichissant les relations interpersonnelles du pratiquant et favorisant une coexistence harmonieuse au sein de la communauté.

Interconnexion entre Bhakti et les autres chemins :

La bhakti est intrinsèquement liée aux voies du karma et du jnana, formant un cadre global pour l'évolution spirituelle. Bien que les voies puissent paraître distinctes, une exploration plus approfondie révèle leur interaction subtile et leur influence mutuelle sur le chemin de l'aspirant vers la réalisation de soi. Le karma, la voie de l'action désintéressée, complète la bhakti en soulignant l'importance d'accomplir ses devoirs sans attachement aux fruits de ces actions. Le service désintéressé prôné par le karma yoga devient une expression de dévotion lorsqu'il est accompli avec un dévouement inébranlable au divin. Cet état d'esprit favorise un sentiment d'abandon et d'humilité, aspects essentiels de la bhakti. De même, le jnana, la voie de la connaissance et de la sagesse, fournit la base intellectuelle pour comprendre la nature du divin et l'interdépendance de toute existence. Lorsque le dévot plonge dans les fondements philosophiques de l'existence, le cœur est imprégné de révérence et d'amour pour le divin, renforçant ainsi la pratique de la bhakti. De plus, la recherche de Jnana permet au pratiquant de discerner les illusions du monde matériel, d'aligner son attention sur la vérité éternelle et de favoriser un état de dévotion. De plus, le concept de Jnana encourage l'introspection et l'introspection, qualités qui approfondissent la connexion émotionnelle du dévot avec le divin. L'intégration harmonieuse de Bhakti, Karma et Jnana permet au chercheur de cultiver une approche holistique de la croissance spirituelle. En s'engageant dans des actions désintéressées fondées sur la dévotion, en recherchant la connaissance pour percer les mystères de l'existence et en nourrissant un amour fervent pour le divin, l'aspirant se lance dans un voyage complet de découverte de soi et de transcendance. Cette interconnexion souligne l'unité intrinsèque des chemins, soulignant que Bhakti, Karma et Jnana ne sont pas des pratiques isolées mais des facettes complémentaires d'une quête unifiée de réalisation spirituelle.

Rôle des rituels dans le renforcement de la dévotion :

Les rituels jouent un rôle important dans la pratique du bhakti, en offrant aux individus un moyen tangible d'exprimer et de renforcer leur dévotion au divin. Ces cérémonies et observances structurées servent de puissants canaux reliant les pratiquants à la divinité ou à l'idéal spirituel de leur choix. En s'engageant dans des rituels, les fidèles établissent un sentiment d'espace et de temps sacrés, créant un environnement propice à l'approfondissement de leur connexion émotionnelle et spirituelle au divin. La nature répétitive des rituels inculque également un sens de la discipline et de la routine, favorisant la cohérence dans la pratique dévotionnelle. De plus, les rituels impliquent souvent des actions et des offrandes symboliques, symbolisant l'humilité, la révérence et la gratitude envers le divin. Cet acte d'offrande sert à purifier l'esprit et à élever la conscience du pratiquant, intensifiant ainsi sa dévotion. De plus, l'aspect communautaire de la participation aux rituels favorise un sentiment d'appartenance et d'unité entre les autres fidèles, amplifiant l'énergie collective et la dévotion au sein de la communauté spirituelle. Il s'agit d'une plateforme permettant aux individus de se réunir, de partager leurs expériences et de se soutenir mutuellement dans leur cheminement spirituel. De plus, l'accomplissement de rituels constitue un moyen puissant d'exprimer et de réaffirmer son engagement envers le divin, renforçant ainsi le lien entre le pratiquant et l'objet de sa dévotion. Grâce à ces rôles multiformes, les rituels deviennent un élément essentiel pour nourrir et approfondir la pratique du Bhakti, contribuant au développement holistique de la vie spirituelle d'un individu. Il est impératif de reconnaître que si les rituels ont une valeur intrinsèque pour favoriser la dévotion, une véritable sincérité et un engagement conscient sont essentiels pour garantir que l'essence du Bhakti soit respectée. Lorsqu'ils sont abordés avec un amour et une révérence sincères, les rituels ont le potentiel de transformer le cœur et d'élever le pratiquant vers des états supérieurs de conscience spirituelle, conduisant finalement à une connexion plus intime avec le divin.

Transformation par la dévotion – Récits personnels :

Le pouvoir de la dévotion à transformer les individus est un sujet de profonde intrigue et d'études érudites depuis des siècles. En explorant l'impact du bhakti sur les récits personnels, il devient évident que cette pratique a le potentiel d'apporter des changements intérieurs et extérieurs. Les récits personnels de personnes qui ont adopté la dévotion comme mode de vie témoignent de son influence transformatrice. Ces récits capturent l'essence de la dévotion, illustrant sa capacité à insuffler un sens à la vie, à insuffler de la résilience et à favoriser une profonde connexion émotionnelle avec le divin.

Un thème commun qui ressort de ces récits est l'idée de soumission – l'acte de renoncer au contrôle et de placer une confiance inébranlable dans le divin. Cette soumission n'est pas un signe de faiblesse, mais plutôt une reconnaissance des limites de l'action humaine et une acceptation de l'harmonie cosmique. À travers leurs récits, les individus partagent comment ce sentiment de soumission les a libérés de l'anxiété, de la peur et du doute de soi, leur permettant d'affronter les défis de la vie avec grâce et acceptation.

En outre, les récits soulignent le pouvoir transformateur de l'amour en tant que composante inhérente de la dévotion. L'affection profonde et inébranlable pour le divin qui est nourrie par les pratiques dévotionnelles crée un effet d'entraînement qui s'étend à toutes les facettes de la vie. Les personnes racontent comment cet amour leur a permis de cultiver l'empathie, la compassion et la compréhension, favorisant des relations solides et harmonieuses avec les autres tout en cultivant un état d'esprit résilient et compatissant.

De plus, les récits personnels mettent en lumière le rôle de la dévotion dans la culture de la résilience et de la force d'âme face à l'adversité. À travers des récits d'épreuves et de tribulations personnelles, des individus racontent comment leur dévotion leur a fourni une source inébranlable de force et d'espoir, leur permettant d'affronter des circonstances difficiles avec une détermination inébranlable et une foi inébranlable dans le plan divin.

Chapitre XXVI
LA PRÉSENCE DE DIEU

Perspectives philosophiques sur le divin :

Le concept du divin a été un sujet de réflexion pour les philosophes, les théologiens et les érudits, offrant une riche source de recherche sur la nature de l'existence et les réalités métaphysiques. Les approches philosophiques du divin sont ancrées dans l'analyse et la réflexion critiques, cherchant à percer les mystères de la transcendance et de l'immanence. Les grandes écoles philosophiques telles que le Vedanta, le néoplatonisme et la scolastique se sont attaquées à l'ontologie divine, à la cosmologie et à la théodicée. Les philosophies védantiques explorent la nature non dualiste de la réalité suprême, présentant le divin comme l'essence ultime sous-jacente à l'univers et aux individus. La pensée néoplatonicienne envisage le divin comme la source et l'aboutissement de toute existence, envisageant une émanation hiérarchique de l'être à partir du divin Un. La philosophie scolastique, fortement influencée par la théologie chrétienne, s'engage dans un discours sur les attributs de Dieu et la réconciliation de l'omnipotence divine avec l'existence du mal. Les points de vue théistes, athées et panthéistes enrichissent encore davantage le paysage philosophique, chacun offrant des perspectives distinctes sur la relation entre l'humanité et le divin. Les philosophies théistes posent une divinité personnelle et aimante comme centre de dévotion et de direction morale, tandis que les doctrines athées affirment un manque de croyance en une quelconque divinité, mettant l'accent sur le rationalisme et l'observation empirique plutôt que sur la foi. Les perspectives panthéistes perçoivent le divin comme immanent au sein du monde naturel, brouillant les frontières entre le sacré et le banal. Le raisonnement philosophique explore également le problème de la transcendance et de l'immanence divines, en scrutant la manière dont le divin interagit avec le monde matériel tout en maintenant sa souveraineté inhérente. La dialectique entre la foi et la raison, telle qu'incarnée dans les œuvres de personnalités comme Thomas d'Aquin et Maïmonide, démontre des tentatives d'harmoniser la conviction religieuse avec la recherche rationnelle. Dans l'ensemble, la contemplation du divin depuis des points de vue philosophiques fournit une base pour comprendre les complexités de la spiritualité humaine et la quête éternelle de vérités transcendantes.

Symbolisme dans les textes sacrés :

L'utilisation du symbolisme dans les textes sacrés est profondément enracinée dans la croyance selon laquelle certains symboles ont une signification inhérente et peuvent évoquer une puissante résonance spirituelle chez les individus. Ces symboles servent souvent de passerelles vers des états de conscience supérieurs et sont censés faciliter une connexion directe avec le royaume divin.

Dans les textes sacrés hindous tels que les Védas et les Upanishads, les représentations symboliques abondent, avec des divinités, des animaux et des éléments naturels porteurs d'une profonde signification allégorique. Par exemple, la fleur de lotus est fréquemment utilisée pour symboliser la pureté, l'illumination et l'épanouissement spirituel. La danse cosmique du Seigneur Shiva, connue sous le nom de Tandava, représente le mouvement rythmique de l'univers et l'interaction dynamique de la création, de la préservation et de la dissolution.

De même, dans la tradition judéo-chrétienne, des symboles comme la colombe, la croix et le buisson ardent sont chargés d'un riche symbolisme, représentant respectivement la paix, le sacrifice et la révélation divine. Les paraboles de Jésus dans le Nouveau Testament emploient souvent un langage symbolique pour transmettre des enseignements moraux et spirituels, invitant les lecteurs à se plonger dans des couches plus profondes d'interprétation et de contemplation.

Dans les textes islamiques tels que le Coran, les motifs symboliques tels que la lumière, l'eau et les jardins sont récurrents, évoquant les thèmes de l'illumination, de la purification et du paradis. Ces symboles guident les croyants vers une compréhension plus profonde de leur foi et fournissent un cadre pour interpréter l'interdépendance des dimensions matérielles et spirituelles de l'existence.

Dans le bouddhisme, les textes et les enseignements sacrés regorgent de symboles tels que la roue du Dharma, l'arbre de la Bodhi et le trône de lotus, chacun porteur de significations nuancées liées au chemin de l'éveil, de l'illumination et de la cessation de la souffrance. Ces symboles servent de moyens mnémotechniques, aidant les pratiquants à retenir et à se rappeler des vérités philosophiques complexes et des préceptes éthiques.

L'utilisation du symbolisme dans les textes sacrés invite également les individus à s'engager dans des interprétations allégoriques et à contempler les couches plus profondes de signification inhérentes aux récits religieux. À travers l'exploration des symboles, les lecteurs sont encouragés à discerner des vérités universelles et des intuitions personnelles, à transcender le littéral et à plonger dans les mystères ineffables de l'existence.

Types de manifestations divines :

Dans les différentes traditions religieuses et spirituelles, les manifestations divines revêtent des formes multiples, chacune possédant son propre symbolisme et sa propre signification. L'un des types les plus répandus est l'incarnation de divinités ou d'êtres divins sous forme humaine, comme on le voit dans les histoires de Krishna, Rama et d'autres personnages vénérés de la mythologie hindoue. De telles manifestations sont souvent considérées comme l'incarnation de qualités divines et servent d'exemples à l'humanité. Une autre forme de manifestation divine existe dans le monde naturel, où la beauté et la majesté de la création sont perçues comme une expression de la présence du Divin. Cela peut être observé dans les paysages impressionnants, l'équilibre des écosystèmes et le cycle de la vie et de la mort, qui reflètent tous un ordre ordonné par Dieu. En outre, les manifestations divines peuvent également prendre forme à travers des événements ou des interventions miraculeux qui transcendent les lois de la nature, inspirant l'émerveillement et la foi chez les croyants. Ces événements extraordinaires sont souvent attribués à l'influence directe du Divin dans la vie des individus ou des communautés. Le concept d'avatars, ou de descentes divines, représente une autre facette des manifestations divines, dans lesquelles l'Être suprême assume diverses formes pour rétablir l'équilibre cosmique et guider l'humanité en temps de crise morale. De plus, dans les traditions mystiques et ésotériques, l'éveil intérieur de la conscience spirituelle est considéré comme une manifestation du Divin dans l'individu, aboutissant à une union intime et transformatrice avec le transcendant. Il est important de noter que ces manifestations ne se limitent pas à une seule tradition ou à un seul système de croyances ; elles font plutôt écho au désir universel de l'humanité de se connecter à l'ineffable et de chercher un sens au-delà du domaine matériel.

Expériences personnelles et témoignages :

En explorant le concept de manifestation divine, il est impératif de considérer l'impact des expériences et des témoignages personnels sur la façon dont les individus façonnent leurs croyances et leur compréhension de la présence divine. Les expériences personnelles servent souvent de preuves convaincantes pour de nombreuses personnes, influençant leur perception du divin et renforçant leur foi. Ces expériences peuvent aller de moments d'illumination spirituelle à des rencontres subtiles, mais profondément significatives, qui laissent une empreinte indélébile sur l'âme.

Les témoignages d'individus issus de cultures et de traditions diverses offrent une riche mosaïque de récits qui reflètent les multiples façons dont les gens en viennent à reconnaître et à interpréter le divin dans leur vie. Chaque témoignage offre une perspective unique, mettant en lumière la nature profondément personnelle des rencontres divines. De tels témoignages mettent également en lumière les aspects universels de l'expérience humaine, en soulignant les points communs qui nous unissent dans notre quête de sens et de connexion avec le divin.

Les expériences et témoignages personnels sont souvent une source d'inspiration et de conseils pour ceux qui cherchent à mieux comprendre le divin. Ils offrent un aperçu de la richesse et de la complexité de la spiritualité humaine, transcendant les frontières doctrinales et les différences culturelles. Que ce soit par des visions miraculeuses, des synchronicités inexpliquées ou des moments de paix et de clarté bouleversantes, ces récits personnels révèlent l'impact du divin sur la vie des individus et le pouvoir transformateur de telles rencontres.

En outre, les expériences et les témoignages personnels jouent un rôle crucial dans la promotion de l'empathie et de la compréhension entre les communautés de foi. En partageant leurs histoires, les individus créent des espaces de dialogue et de soutien mutuel, favorisant un sentiment de parenté et d'appartenance. Ces récits servent également à renforcer la foi collective et la résilience des communautés, procurant réconfort et force dans les moments d'adversité.

Le rôle de la foi dans la perception du divin :

Dans le contexte de la spiritualité et des croyances religieuses, la foi sert de lentille à travers laquelle on interprète et comprend la présence du divin. C'est une force intangible qui inspire la confiance, la conviction et un sentiment de connexion à quelque chose de plus grand que soi. Grâce à la foi, les individus recherchent un sens, un but et un réconfort dans leur quête de compréhension du divin.

Au cœur de la foi se trouve la croyance inébranlable en l'existence d'une réalité transcendante. Cette croyance fournit un cadre pour interpréter les mystères de la vie et de l'univers, offrant un sentiment de stabilité et de réconfort face à l'incertitude. De plus, la foi favorise une confiance profonde dans la bienveillance et la sagesse du divin, nourrissant un sentiment d'espoir et d'optimisme même au milieu de l'adversité.

En outre, la foi sert de catalyseur aux expériences spirituelles, permettant aux individus de percevoir le divin dans diverses manifestations. Que ce soit par la prière, la méditation, les rituels ou la contemplation, la foi agit comme un canal pour établir une connexion sacrée avec le divin. Elle permet aux individus de transcender les frontières du monde matériel et d'embrasser la nature ineffable de la présence divine.

Dans le domaine des traditions religieuses, la foi imprègne tous les aspects du culte et de la dévotion. Elle sous-tend les rituels, les cérémonies et les coutumes qui honorent le divin, leur conférant signification et pertinence. L'expression de la foi par la prière et les pratiques rituelles sert à exprimer la révérence, la gratitude et l'humilité devant le divin, enrichissant ainsi le lien spirituel entre les individus et le transcendant.

De plus, la foi engendre des valeurs éthiques et morales, façonnant la manière dont les individus perçoivent et interagissent avec le monde qui les entoure. Elle inculque des vertus telles que la compassion, l'empathie et l'altruisme, poussant les individus à reconnaître l'essence divine en eux-mêmes et chez les autres. Grâce à cette reconnaissance, la foi devient une force directrice pour une coexistence harmonieuse et une interdépendance, transcendant les différences et favorisant l'unité.

La foi crée un sentiment d'appartenance au sein des communautés religieuses, unissant les individus autour de croyances et de valeurs communes. Elle constitue le pilier de l'identité communautaire, offrant un cadre collectif pour la croissance spirituelle, le soutien et l'encouragement mutuel. Les expériences partagées et les expressions communes de la foi renforcent le tissu des communautés religieuses, créant un sentiment de solidarité et de détermination.

Science et Spiritualité - Relier les Mondes :

La science et la spiritualité, bien que souvent considérées comme des domaines distincts, sont de plus en plus reconnues comme des aspects interconnectés de la compréhension et de l'expérience humaines. Le pont entre ces mondes est un sujet d'intérêt majeur, car il a le potentiel de révéler des perspectives plus profondes sur la nature de la réalité et de l'existence.

L'un des principaux domaines d'exploration se situe à l'intersection de la physique quantique et des enseignements spirituels anciens. La mécanique quantique a fourni une nouvelle perspective à travers laquelle observer l'univers, remettant en question les paradigmes scientifiques traditionnels et invitant à la contemplation de concepts spirituels tels que la conscience et l'interdépendance. Les parallèles entre l'intrication quantique et l'interdépendance prônée par diverses traditions spirituelles offrent une voie fascinante de dialogue et d'exploration.

Les neurosciences se sont également intéressées à la méditation, à la pleine conscience et aux états de conscience modifiés, mettant en lumière les effets physiologiques et psychologiques des pratiques spirituelles. Les découvertes neuroscientifiques relatives aux bienfaits de la méditation offrent non seulement une validation empirique des techniques spirituelles ancestrales, mais stimulent également les discussions sur la malléabilité de la perception et la nature de l'expérience subjective.

Un autre point de convergence convaincant est l'importance croissante accordée à la santé et au bien-être holistiques, où les perspectives scientifiques et spirituelles reconnaissent l'interdépendance de l'esprit, du corps et de l'âme. Cette approche intégrative reconnaît l'influence du bien-être mental et émotionnel sur la santé physique, en s'alignant sur les philosophies spirituelles qui mettent l'accent sur l'harmonie et l'équilibre en soi et avec le monde extérieur.

Le dialogue entre science et spiritualité s'étend également au domaine de l'éthique et de la morale. Alors que la science fournit des données empiriques et des raisonnements pour éclairer les cadres éthiques, la spiritualité offre des éclairages sur la compassion, l'empathie et l'interdépendance, qui peuvent enrichir le discours éthique et la prise de décision. En explorant cette convergence, l'importance des valeurs interconnectées dans diverses traditions culturelles et spirituelles devient évidente, facilitant une perspective éthique plus inclusive et plus complète.

Chapitre XXVII
L'ESPRIT

Perception et illusion :

Face à l'existence, il devient évident que nos perceptions façonnent souvent notre réalité, brouillant les frontières entre ce qui est réel et ce qui n'est qu'une construction mentale. La Bhagavad-Gîtâ offre un aperçu de cette interaction, exhortant les chercheurs à scruter leurs perceptions et à discerner la nature illusoire de nombreux phénomènes. En substance, elle souligne la nécessité d'aller au-delà des apparences superficielles et de plonger dans les vérités plus profondes qui soustendent l'existence. Ce faisant, les individus peuvent démêler les voiles d'illusion qui obscurcissent leur compréhension et entravent leur progrès spirituel.

De plus, le texte met en lumière la nature multiforme de l'illusion, reconnaissant que l'esprit possède la capacité remarquable de tisser des toiles trompeuses. Cette vision invite à l'introspection dans le fonctionnement de l'esprit, nous mettant au défi de confronter nos préjugés, nos idées préconçues et nos attachements qui contribuent à la création de constructions illusoires. Grâce à ce voyage introspectif, les praticiens peuvent commencer à discerner la nature transitoire et impermanente de nombreux phénomènes terrestres, cultivant une conscience accrue de la nature éphémère de l'existence matérielle.

De plus, le concept de Maya, au cœur des enseignements de la Bhagavad-Gîtâ, souligne la nature illusoire du monde phénoménal. Il met en garde contre l'attrait séduisant des expériences sensorielles et des possessions matérielles, en insistant sur l'impermanence de ces plaisirs éphémères. En reconnaissant ces illusions et leur nature transitoire, les individus peuvent réorienter leur attention vers les aspects éternels et transcendantaux de la réalité, se détachant ainsi des enchevêtrements du monde matériel.

Disciplines mentales :

La maîtrise des disciplines mentales est essentielle sur le chemin spirituel. Cultiver un esprit calme et stable pose les bases de la croissance spirituelle et de la réalisation de soi. Tout au long de l'histoire, les sages et les philosophes ont souligné l'importance de la discipline mentale pour atteindre la paix intérieure et une conscience supérieure. La Bhagavad-Gîtâ expose l'importance de contrôler et d'apaiser l'esprit pour atteindre la libération des cycles de naissance et de mort.

Une technique fondamentale pour contrôler l'esprit est la pratique de la pleine conscience. La pleine conscience consiste à prêter une attention délibérée au moment présent sans jugement. En cultivant une conscience non réactive des pensées et des sentiments, les individus peuvent mieux comprendre la nature de leur esprit et développer une plus grande résilience émotionnelle. Cette pratique permet aux praticiens de se libérer des schémas habituels de réactivité et de réduire le stress et l'anxiété. La méditation de pleine conscience régulière renforce la concentration et l'attention, fournissant aux individus les outils pour faire face aux défis de la vie quotidienne avec sérénité.

Une autre méthode essentielle pour calmer l'esprit est le contrôle de la respiration, connu sous le nom de pranayama. Cette ancienne pratique yogique consiste à réguler la respiration pour harmoniser le corps et l'esprit. En ajustant consciemment la respiration, les individus peuvent ressentir une sensation de tranquillité et de centrage. Les techniques de pranayama améliorent non seulement le flux d'oxygène et l'énergie vitale, mais apaisent également les fluctuations de l'esprit, le préparant à des états plus profonds de méditation et de contemplation.

De plus, cultiver des qualités mentales positives telles que la patience, la compassion et l'équanimité fait partie intégrante de la discipline mentale. La pratique de la gratitude, du pardon et de l'altruisme favorise un état d'esprit élevé, favorisant l'harmonie et l'équilibre en soi et dans ses relations avec les autres. De plus, l'intégration d'exercices physiques réguliers et d'une alimentation équilibrée favorise la santé mentale et la stabilité globales, contribuant ainsi à un esprit discipliné et concentré.

Reconnaître la nature impermanente des phénomènes du monde et s'abstenir de tout attachement est un autre aspect crucial de la discipline mentale. Grâce à cette compréhension, les individus peuvent se libérer de l'emprise des désirs et des aversions qui perturbent l'esprit, ouvrant ainsi la voie à la tranquillité et au progrès spirituel.

En fin de compte, maîtriser les disciplines mentales exige des efforts et un dévouement constants. Il s'agit d'un processus de transformation graduel qui produit des bénéfices, conduisant à une perception plus claire de la réalité et à une connexion plus profonde avec le divin. En perfectionnant ces techniques, les individus peuvent cultiver la paix intérieure, une conscience accrue et une détermination spirituelle inébranlable, leur permettant de s'engager sur le chemin spirituel avec confiance et détermination.

Conscience de soi :

La conscience de soi implique l'exploration et la reconnaissance conscientes de ses pensées, de ses émotions et des schémas sous-jacents qui façonnent nos perceptions et nos comportements. Grâce à la conscience de soi, les individus acquièrent un aperçu de leurs motivations, de leurs peurs, de leurs désirs et de leurs insécurités les plus profondes, ce qui conduit à une compréhension des complexités qui définissent la psyché humaine. La conscience de soi permet aux individus d'observer leur paysage mental avec clarté et objectivité, facilitant l'identification des limitations et des obstacles qu'ils s'imposent sur le chemin de la croissance spirituelle. De plus, ce sens accru de la conscience de soi favorise le développement de l'empathie, de la compassion et du discernement, permettant aux individus de s'engager avec eux-mêmes et avec les autres d'une manière plus harmonieuse et plus perspicace. De plus, à mesure que les individus cultivent la conscience de soi, ils deviennent en phase avec l'interdépendance de leur monde intérieur avec la plus grande conscience universelle, reconnaissant l'interaction subtile entre l'esprit individuel et l'esprit collectif. Cette prise de conscience entraîne un changement de perspective, nous encourageant à aligner nos pensées et nos actions sur les principes supérieurs qui régissent l'existence, contribuant ainsi à l'évolution de l'humanité dans son ensemble.

Surmonter l'égo :

L'ego, ou le sentiment d'identité individuelle et d'importance personnelle, peut entraîner une multitude de difficultés sur le chemin spirituel. Il tend à créer des barrières entre les individus, favorisant la séparation, le conflit et l'attachement aux désirs matériels. Surmonter l'ego implique de transcender ces limites auto-imposées et de cultiver un état d'esprit d'interdépendance et d'humilité. En reconnaissant que l'ego est une construction de l'esprit et non la véritable essence du soi, les individus peuvent commencer à démanteler son influence. Ce processus nécessite une introspection et une introspection pour découvrir les couches de conditionnement et d'influences sociales qui ont façonné l'ego au fil du temps. Grâce à des pratiques telles que la pleine conscience et la méditation, les individus peuvent observer le fonctionnement de l'ego sans jugement, diminuant progressivement son emprise. De plus, développer la compassion et l'empathie envers les autres peut contrecarrer les tendances de l'ego à l'égocentrisme. Il est essentiel de déplacer l'attention du moi individuel vers le bien-être collectif, desserrant ainsi l'emprise des comportements motivés par l'ego. Adopter un sentiment d'interdépendance avec tous les êtres vivants favorise un état d'esprit d'unité et de coopération, érodant la nature conflictuelle de l'ego. De plus, cultiver des vertus spirituelles telles que l'humilité, la gratitude et l'abandon peut aider à transcender l'ego. Ces qualités permettent aux individus de renoncer au besoin de contrôle et de validation, favorisant ainsi une connexion plus profonde avec la conscience universelle. En fin de compte, surmonter l'ego est un processus transformateur qui mène à la liberté intérieure et à la libération spirituelle.

Pensées positives :

L'esprit, siège de nos pensées et de nos émotions, joue un rôle essentiel dans la formation de notre paysage intérieur et de notre bien-être général. En orientant consciemment nos pensées vers la positivité, nous pouvons créer une base pour la tranquillité mentale et la résilience émotionnelle. La pensée positive implique de se concentrer sur des pensées pleines d'espoir, constructives et optimistes, qui ont le pouvoir de contrer la négativité et de cultiver la paix intérieure.

Pour cultiver des pensées positives, il est essentiel de reconnaître l'impact de notre dialogue intérieur. Notre dialogue intérieur influence considérablement notre état mental et notre vision de la vie. En pratiquant une pleine conscience de nos schémas de pensée, nous pouvons identifier les tendances négatives et les remplacer par des croyances affirmatives et encourageantes. Cette pratique exige de la patience et du dévouement, mais elle apporte des avantages en favorisant un état d'esprit positif.

De plus, cultiver des pensées positives implique de nourrir la gratitude et l'appréciation des bienfaits de la vie. La gratitude est une force transformatrice qui déplace notre attention de la pénurie à l'abondance, favorisant ainsi le contentement et la joie intérieure. Reconnaître et exprimer régulièrement sa gratitude pour les plaisirs simples et les liens significatifs de notre vie amplifie notre sentiment général de bien-être.

Un autre aspect crucial de la culture de pensées positives consiste à s'engager dans des activités et des activités qui apportent joie et épanouissement. S'engager dans des passe-temps, des efforts créatifs ou des actes de gentillesse élève l'esprit et insuffle à notre esprit une atmosphère positive. Ces activités servent de catalyseurs pour générer un réservoir d'émotions et de pensées positives qui contribuent à l'équilibre mental.

La pratique de la pleine conscience et de la méditation joue un rôle important dans l'entretien des pensées positives. En observant nos pensées sans jugement et en nous concentrant sur le moment présent, nous pouvons nous libérer de la rumination des expériences négatives et adopter un état de clarté et de paix mentale. Grâce à une pratique régulière, nous pouvons reprogrammer nos voies neuronales, favorisant ainsi une disposition mentale plus positive et plus calme.

Équilibrer l'émotion et l'intellect :

Les émotions, souvent perçues comme la force motrice de nos actions, peuvent parfois brouiller le jugement rationnel et conduire à des résultats indésirables. De même, une trop grande importance accordée au raisonnement intellectuel peut étouffer l'expression émotionnelle et entraver la véritable connexion avec les autres. Pour atteindre l'harmonie, il faut reconnaître l'interaction intrinsèque entre ces deux aspects de la psyché. Adopter l'intelligence émotionnelle implique de reconnaître, de comprendre et de gérer ses propres émotions, ainsi que de faire preuve d'empathie envers les émotions des autres. Cultiver l'empathie favorise les interactions compatissantes, nourrit l'interdépendance et favorise un sentiment d'unité. Parallèlement, l'intégration de l'intellect permet l'analyse critique, le raisonnement logique et la prise de décision judicieuse. En fusionnant la conscience émotionnelle avec la perspicacité intellectuelle, les individus sont mieux équipés pour faire face aux défis de la vie avec résilience et perspicacité. La Bhagavad-Gîtâ élucide l'importance d'équilibrer l'émotion et l'intellect en décrivant le Seigneur Krishna comme l'incarnation de l'intelligence émotionnelle et du discernement intellectuel. Ses conseils à Arjuna reflètent une approche harmonisée de la prise de décision et de l'action, dans laquelle la sensibilité émotionnelle est unifiée avec une pensée claire et rationnelle. Grâce à la pratique de la pleine conscience et de l'introspection, les individus peuvent cultiver une compréhension plus profonde de leurs tendances émotionnelles et intellectuelles, ouvrant ainsi la voie à des processus de pensée harmonieux. Cette intégration équilibrée permet aux individus de répondre de manière réfléchie aux circonstances de la vie, transcendant les réactions impulsives et les jugements à courte vue. De plus, atteindre l'équilibre entre l'émotion et l'intellect favorise un sentiment de paix mentale, permettant une plus grande clarté et une plus grande concentration lors des activités spirituelles. Lorsque les praticiens s'efforcent d'harmoniser leurs processus de pensée, ils libèrent le potentiel transformateur d'alignement de leurs facultés intérieures, éveillant un sentiment d'interconnexion avec le monde et la conscience universelle. En fin de compte, l'harmonisation de l'émotion et de l'intellect agit comme une passerelle vers la croissance spirituelle, conduisant les individus vers un état de cohérence interne et d'alignement avec les vérités supérieures de l'existence.

L'esprit éclairé :

Le point culminant du voyage spirituel est l'obtention d'un esprit éclairé, caractérisé par la maîtrise de ses pensées et de ses émotions, et par un sentiment de clarté spirituelle. En parcourant le chemin de la réalisation de soi, nous sommes confrontés à la dualité inhérente à la conscience humaine – l'interaction entre l'émotion et l'intellect. Parvenir à l'harmonie entre ces deux facettes de notre être est essentiel à l'émergence d'un esprit éclairé. L'esprit éclairé se caractérise par un sentiment inébranlable de calme et d'équanimité face aux innombrables défis de la vie. Il transcende les émotions passagères et les impulsions momentanées, trouvant sa force dans la paix intérieure et la perspicacité. Grâce à une pratique disciplinée et à l'introspection, les individus peuvent cultiver la force mentale nécessaire pour affronter les complexités de l'existence avec grâce et perspicacité. La clarté spirituelle émerge comme un phare guidant l'esprit éclairé vers des vérités supérieures et une compréhension universelle. Une telle clarté permet aux individus de percevoir l'interdépendance de tous les phénomènes, transcendant les frontières de l'ego et de l'individualisme. L'esprit éveillé reconnaît la nature illusoire de l'ego et embrasse un sentiment d'unité avec le cosmos. Grâce à cette union, la clarté spirituelle favorise un sens profond du but et de la direction, alignant les aspirations personnelles sur l'ordre cosmique supérieur. Atteindre un esprit éveillé exige un engagement inébranlable envers l'introspection et l'exploration intérieure, permettant aux individus de transcender les limites imposées par le conditionnement social et les fausses perceptions. En plongeant dans les profondeurs de la conscience, on acquiert un aperçu de la nature transitoire du monde matériel et de l'essence du royaume spirituel. Ce changement de perspective engendre un sentiment de libération et d'interconnexion avec le divin. La quête d'un esprit éveillé n'est pas sans épreuves, mais grâce à une pratique assidue et à un dévouement inébranlable, les individus peuvent transformer leur paysage cognitif, favorisant une conscience qui s'étend au-delà des limites des préoccupations mondaines. En résumé, l'esprit éveillé représente l'apothéose de l'esprit humain – une incarnation de la sagesse, de la compassion et de la transcendance. En harmonisant l'émotion et l'intellect, et en cultivant la clarté spirituelle, les individus ouvrent les portes de la réalisation de soi et de l'interconnexion universelle. C'est dans le creuset de l'esprit éclairé que la véritable maîtrise et la clarté spirituelle convergent, éclairant le chemin vers la libération absolue et l'illumination sans limites.

Chapitre XXVIII
SERVICE AU DIVIN

Introduction au Seva :

Le seva, ou service désintéressé, joue un rôle primordial dans le cheminement spirituel, transcendant les frontières culturelles et religieuses pour incarner l'essence universelle de la compassion et de l'altruisme. Enraciné dans la sagesse ancienne de la Bhagavad-Gîtâ et de nombreux textes sacrés, le concept de seva incarne la philosophie de l'abandon de son ego et de ses désirs personnels pour le bien-être des autres et le bien commun de l'humanité. Il souligne la compréhension que le véritable épanouissement ne découle pas d'activités égoïstes, mais d'actes de bonté, de générosité et de service envers ceux qui sont dans le besoin. En mettant l'accent sur l'humilité, l'empathie et l'interdépendance, le seva propulse les individus vers un état de conscience élevé et un sens éveillé du but. Comme expliqué dans la Gîtâ, l'esprit du seva est profondément lié au développement de vertus telles que l'amour, la compassion et l'altruisme, favorisant une transformation chez le pratiquant. Un aspect intégral du seva est son potentiel à provoquer un changement de perception, réorientant les individus vers une vision plus large et plus inclusive de la vie. En s'engageant dans des actes désintéressés sans aucune attente de gain personnel, les pratiquants du seva cultivent un état d'esprit qui privilégie le bien-être collectif aux intérêts individuels. Ce changement fondamental de perspective favorise non seulement une connexion plus profonde avec les autres, mais améliore également la croissance spirituelle en dissolvant les barrières de l'ego et de l'égocentrisme. De plus, l'acte de servir sans attachement aux résultats cultive un état de contentement intérieur et de libération du cycle des actions motivées par le désir, ce qui s'aligne sur les enseignements fondamentaux de la Gîtâ concernant le renoncement aux fruits de son travail. Au cœur des fondements philosophiques du seva se trouve la notion d'unité et d'interdépendance, où chaque être est considéré comme une incarnation du divin, méritant respect, soins et soutien. Cette reconnaissance de la présence divine dans tous les êtres engendre un sentiment de révérence et de responsabilité envers le service des autres, conduisant à l'élévation à la fois du donneur et du receveur. En fin de compte, la pratique du Seva devient une passerelle vers l'incarnation des principes fondamentaux de la dévotion spirituelle et de la transcendance de soi, facilitant une intégration harmonieuse de la croissance individuelle avec l'évolution collective de l'humanité.

La philosophie de l'abandon et sa signification dans la Gîtâ :

Dans la Bhagavad-Gîtâ, le concept de soumission éclaire le chemin vers la libération spirituelle. La soumission, connue sous le nom de « prapatti » ou « sharanagati », est un principe fondamental qui signifie s'abandonner complètement à la volonté divine. Cela implique de renoncer au contrôle de l'ego et d'adopter un état d'humilité et d'acceptation. Par la soumission, on reconnaît les limites de l'action individuelle et la toute-puissance de la volonté cosmique. Cette philosophie s'aligne sur le thème général de l'altruisme et du détachement prôné par la Gîtâ.

La Bhagavad-Gîtâ souligne l'importance de l'abandon comme moyen de transcender le cycle de la naissance et de la mort, d'atteindre l'harmonie intérieure et de réaliser finalement l'unité du soi avec la conscience suprême. Le Seigneur Krishna, dans ses enseignements à Arjuna, expose l'idée de l'abandon comme une porte d'entrée vers la libération, soulignant la nécessité d'offrir ses actions, ses pensées et ses émotions au divin sans s'attacher aux fruits de ces actes. Cette notion souligne le principe du « Karma Yoga » - la voie de l'action désintéressée - et souligne le pouvoir transformateur de l'abandon dans la purification de l'esprit et l'élévation de la conscience.

En outre, la philosophie de l'abandon implique une confiance implicite dans l'ordre divin, reconnaissant que tous les événements se déroulent selon un plan cosmique supérieur. Elle invite les individus à cultiver une foi inébranlable dans la sagesse divine et à se libérer du fardeau de l'anxiété et du contrôle. En s'abandonnant au divin, on abandonne les résultats de ses efforts, reconnaissant que tous les résultats sont régis par des lois universelles qui dépassent la compréhension humaine.

L'abandon implique également un changement de conscience interne, un abandon de l'insistance de l'ego sur les désirs et préférences personnelles. Il favorise une attitude de servitude, où l'on agit comme un instrument de la volonté divine, offrant ses compétences et ses efforts pour l'amélioration de l'humanité sans nourrir de motifs égoïstes. Ce principe fait écho au concept multiforme de « Seva » ou service désintéressé, soulignant la nature altruiste de l'abandon dans le contexte de la responsabilité sociale et du bien-être communautaire.

De plus, la Gîtâ met en lumière l'impact transformateur de l'abandon sur l'évolution spirituelle d'un individu, soulignant qu'à travers la dissolution de l'ego, on transcende les illusions de la séparation et on fusionne avec la conscience universelle. Cette union, caractérisée par une dévotion et un abandon inébranlables, conduit à la réalisation de la vérité éternelle et à l'expérience d'un amour et d'une compassion sans limites.

Karma Yoga :

Dans La Bhagavad-Gîtâ, le Seigneur Krishna expose le concept du Karma Yoga comme une pratique transformatrice qui permet aux individus de purifier leurs actions par le service désintéressé. Le Karma Yoga, souvent appelé le yoga de l'action désintéressée, souligne l'importance d'accomplir ses devoirs sans s'attacher aux résultats. Cette approche désintéressée de l'action est essentielle sur le chemin du développement spirituel et de la réalisation de soi. En s'engageant dans des actions sans être motivés par des désirs ou des résultats personnels, les individus peuvent transcender leur ego et cultiver un sentiment de détachement du monde matériel. Grâce à ce processus, les individus développent une compréhension de l'interdépendance de tous les êtres et de l'unité sous-jacente de la création.

La pratique du Karma Yoga encourage les individus à mettre leurs compétences, leurs talents et leurs ressources au service du bien commun sans rechercher de gain personnel. Elle favorise un esprit d'altruisme et de service, qui contribue au bien-être de la société dans son ensemble. En consacrant leurs actions au service des autres, les pratiquants du Karma Yoga s'alignent sur le dessein divin et contribuent à l'harmonie et à l'élévation du monde. Cette attitude désintéressée favorise non seulement la croissance et l'épanouissement intérieurs, mais aussi un sentiment plus profond d'empathie et de compassion envers les autres.

En outre, le karma yoga est un moyen de purifier l'esprit et d'affiner le caractère. En accomplissant des actions dans un esprit d'altruisme, les individus cultivent des vertus telles que l'humilité, la patience et la résilience. Ils apprennent à surmonter les penchants égoïstes de l'ego et à développer un état d'esprit de service et de sacrifice. Grâce à une pratique constante, les individus élèvent progressivement leur conscience et atteignent un état de conscience élevé, transcendant les limites de l'identité individuelle. Cette purification de l'esprit et du cœur conduit à la paix intérieure, à la clarté et à l'harmonie, permettant aux individus d'affronter les complexités de la vie avec équanimité et grâce.

De plus, le Karma Yoga fournit un cadre pour intégrer la spiritualité dans la vie quotidienne. Il encourage les individus à considérer leur travail et leurs responsabilités comme des offrandes au divin, insufflant ainsi un caractère sacré et significatif aux tâches les plus banales. Cette perspective déplace l'attention de l'ambition personnelle vers le bien-être plus large de l'humanité, favorisant un sens et un but dans toutes les actions. En conséquence, les individus peuvent éprouver un sentiment d'accomplissement et de joie en contribuant au bien-être collectif, en reconnaissant que leurs actions font partie d'une symphonie cosmique plus vaste orchestrée par le divin.

Le rôle de l'intention :

L'intention est la force motrice de toutes les actions, façonnant les résultats et l'impact de nos efforts. Dans la Bhagavad-Gîtâ, l'intention joue un rôle central dans le cheminement spirituel, car elle détermine l'alignement des objectifs personnels avec la volonté divine. Lorsque les intentions d'une personne sont pures et désintéressées, les actions entreprises font écho à l'harmonie de l'univers, conduisant à l'épanouissement et à l'élévation spirituelle. Comprendre la nature de l'intention nécessite une profonde introspection des motivations qui motivent nos choix et nos comportements. Cela nécessite une prise de conscience de l'interdépendance de tous les êtres vivants et de la façon dont nos intentions peuvent soit contribuer au bien commun, soit perpétuer la disharmonie. Aligner les objectifs personnels avec la volonté divine implique de renoncer à l'ego et de reconnaître l'ordre universel, en reconnaissant que nos désirs doivent être en harmonie avec le but cosmique. Cet alignement n'implique pas d'abandonner les aspirations personnelles, mais plutôt de les canaliser vers le service désintéressé et l'amélioration de l'humanité. De plus, l'intention doit être le fruit de la compassion, de l'empathie et de l'amour inconditionnel, dénuée de toute attente de gain personnel ou de reconnaissance. La Bhagavad-Gîtâ souligne que la véritable intention ne se concentre pas uniquement sur les résultats des actions, mais plutôt sur la dédicace de tous les efforts à l'Ananta, la vérité éternelle. En alignant nos intentions sur la volonté divine, nous nous ouvrons à un chemin de but et de signification plus élevés. Ce processus implique de cultiver la pleine conscience et le discernement pour garantir que nos actions sont en accord avec le dharma et la droiture. Il permet aux individus de transcender les limites de l'ego et de se connecter à leur essence spirituelle la plus profonde, réalisant ainsi un sentiment d'unité avec le divin. En tant que tel, le rôle de l'intention s'étend au-delà de la simple fixation d'objectifs ; il englobe une compréhension de la nature interconnectée de l'existence et de la responsabilité qui l'accompagne.

Identification du but :

Dans la Bhagavad-Gîtâ, le dilemme d'Arjuna et sa conversation ultérieure avec le Seigneur Krishna soulignent l'importance d'identifier sa propre voie de contribution. En tant qu'individus, nous sommes souvent confrontés à la question de savoir comment servir au mieux les autres et contribuer de manière significative au monde. Cette entreprise nécessite une exploration profonde de nos forces, de nos passions et de nos valeurs. En comprenant ces aspects fondamentaux de nous-mêmes, nous pouvons nous lancer dans un voyage pour identifier notre objectif et avoir un impact positif sur la vie de ceux qui nous entourent.

Pour commencer ce processus d'introspection, il est impératif de réfléchir à nos capacités et à nos inclinations personnelles.

Quelles sont les compétences et les talents qui nous viennent naturellement ? Quelles activités nous apportent joie et épanouissement ? Ces questions peuvent nous aider à reconnaître les domaines dans lesquels nous pouvons exceller et apporter une contribution significative. De plus, en nous plongeant dans nos valeurs et nos croyances, nous pouvons aligner nos contributions sur notre boussole éthique et morale, en veillant à ce que nos actions soient ancrées dans la droiture.

En outre, la prise en compte des besoins de la société et du monde dans son ensemble peut nous permettre de mieux comprendre les domaines dans lesquels nos efforts pourraient être les plus bénéfiques. Grâce à la sensibilisation et à l'empathie, nous pouvons identifier les domaines qui nécessitent une attention particulière et œuvrer pour relever les défis sociétaux. Qu'il s'agisse de répondre aux préoccupations environnementales, de défendre la justice sociale ou d'aider les communautés marginalisées, la compréhension des besoins du monde nous permet d'orienter nos efforts de manière efficace.

Un autre aspect crucial de la définition de notre objectif est de reconnaître notre interdépendance avec tous les êtres. Reconnaître que chaque individu fait partie d'une plus grande mosaïque d'existences favorise un sens de responsabilité envers le bien-être des autres. Cette interdépendance souligne également l'importance de la compassion et de l'empathie, qualités essentielles pour définir notre objectif de service. Accepter la nature interconnectée de la vie peut nous inciter à servir de manière désintéressée et avec un réel souci du bien-être des autres.

Sacrifice, Humilité et Générosité :

La Bhagavad-Gîtâ prône les vertus du sacrifice, de l'humilité et de la générosité comme des qualités essentielles sur le chemin spirituel. Incorporer le sacrifice dans la vie quotidienne n'est pas seulement un acte singulier, mais un mode de vie. Cela implique de donner la priorité aux besoins des autres avant les siens, de s'offrir de manière désintéressée sans attendre de récompense ou de reconnaissance. L'humilité permet aux individus de cultiver un état d'esprit de service, en reconnaissant que toutes les actions sont en fin de compte des offrandes au divin. Elle encourage à renoncer à l'ego, en favorisant une attitude de gratitude et de grâce envers l'interdépendance de toute vie. La générosité, tant dans la richesse matérielle que dans la sagesse spirituelle, reflète une approche ouverte de la vie. Elle implique de partager les ressources, le temps et les connaissances avec un esprit d'abondance, en reconnaissant que la vraie richesse réside dans le don plutôt que dans l'accumulation. Dans la Gîtâ, le Seigneur Krishna souligne l'importance de ces vertus pour purifier l'âme et atteindre une conscience supérieure. Le concept de sacrifice va au-delà des offrandes matérielles et englobe la volonté de renoncer à ses désirs et attachements personnels. Il exige de renoncer à ses motivations égoïstes et incite les individus à aligner leurs actions sur le bien commun. Ce processus de sacrifice désintéressé favorise la transformation intérieure, conduisant à un sens plus profond du but et de l'accomplissement. L'acceptation de l'humilité élève l'individu au-delà des limites de l'ego, favorisant la compassion, la tolérance et l'empathie. Elle redirige l'attention des préoccupations égocentriques vers le bien-être des autres, créant un espace pour une connexion et une harmonie authentiques. La générosité, que ce soit par des actes de charité, de gentillesse ou de mentorat, favorise une culture d'abondance et de réciprocité. Elle permet aux individus de se connecter au flux universel du don et de la réception, en reconnaissant le réseau interconnecté de l'existence. La pratique de ces vertus dans la vie quotidienne sert à élever la conscience, à dissoudre les barrières de séparation et à nourrir un sentiment d'unité avec tous les êtres. Elle favorise un engagement sincère envers le service et l'élévation, incarnant la sagesse de la Bhagavad-Gîtâ dans la vie contemporaine. En intégrant le sacrifice, l'humilité et la générosité dans la vie quotidienne, les individus s'alignent sur les principes universels du dharma et de l'action désintéressée, posant ainsi les bases d'une existence pleine de sens et de sens.

Le chemin vers le bonheur :

Vivre une vie de service, en se consacrant à l'amélioration des autres et du monde en général, est un voyage transformateur. Dans la Bhagavad-Gîtâ, le Seigneur Krishna expose la notion de réalisation ultime par l'action désintéressée, soulignant que le véritable bonheur réside dans le bien-être des autres. Cultiver un état d'esprit de service apporte non seulement de la joie et du contentement, mais aligne également les individus sur leur objectif spirituel. Lorsque les individus s'engagent dans des actes de bonté et de compassion, ils se connectent à un sentiment plus profond d'accomplissement qui transcende les désirs personnels et élève le bien-être de tous les êtres.

Le chemin vers la béatitude par le service englobe l'incarnation de l'amour, de l'empathie et de l'altruisme. En servant les autres de manière désintéressée, on acquiert une compréhension de l'interdépendance et de l'unité, en reconnaissant que chaque acte de service se répercute sur la conscience collective, apportant un changement positif au monde. Cette prise de conscience favorise un sentiment d'utilité et de satisfaction qui enrichit l'expérience humaine. En se consacrant au soutien et à l'élévation des autres, les individus puisent dans une source abondante de joie et de satisfaction qui dépasse de loin le plaisir passager des biens matériels ou des activités égocentriques.

De plus, l'acte de service va au-delà du bénéfice immédiat pour les autres et contribue à l'évolution de la conscience de l'individu. La pratique du service désintéressé cultive naturellement des vertus telles que l'humilité, la patience et la résilience, favorisant la croissance personnelle et le développement spirituel. Chaque interaction devient une opportunité d'amélioration personnelle et de transformation intérieure, menant à une vie caractérisée par la paix, l'harmonie et un profond sentiment d'accomplissement. En adoptant l'éthique du service, on aligne ses actions sur le rythme de l'univers, contribuant positivement à l'ordre cosmique et améliorant le bien-être collectif.

Le chemin vers le bonheur par le service offre aux individus la possibilité de créer un impact et un héritage durables qui transcendent le temps. En s'engageant dans des actes de bonté et de générosité, les individus plantent les graines de la compassion et de la positivité, jetant ainsi les bases d'un monde plus compatissant et harmonieux pour les générations futures. Cet héritage de service devient un phare d'espoir et d'inspiration, soulignant l'importance d'une vie consacrée au bien-être des autres.

Chapitre XXIX
50 CITATIONS CLÉS DE VYÂSA

1.
« Le bonheur qui vient d'une longue pratique, qui conduit à la fin de la souffrance, qui au début est comme du poison, mais à la fin comme du nectar - ce genre de bonheur naît de la sérénité de son propre esprit. »

2.
« Celui qui fait l'expérience de l'unité de la vie voit son propre Soi dans tous les êtres, et tous les êtres dans son propre Soi, et regarde tout avec un œil impartial. »

3.
« Nous voyons ce que nous sommes, et nous sommes ce que nous voyons. »

4.
« Nous ne rencontrons jamais vraiment le monde ; tout ce que nous expérimentons, c'est notre propre système nerveux. »

5.
« C'est la nature qui cause tout mouvement. »

6.
« Ô Krishna, l'esprit est agité. »

7.
« L'égoïsme emprisonne le monde. Agissez de manière désintéressée, sans penser à votre profit personnel. »

8.
« Le véritable but de l'action est la connaissance du Soi. »

9.
« Lorsqu'une personne réagit aux joies et aux peines des autres comme si elles étaient les siennes, elle a atteint le plus haut niveau d'union spirituelle. »

10.
« Remodelez-vous par la puissance de votre volonté ; ne vous laissez jamais dégrader par votre propre volonté. »

11.
« Pour sauver la famille, abandonnez un homme ; pour sauver le village, abandonnez une famille ; pour sauver le pays, abandonnez un village ; pour sauver l'âme, abandonnez la terre. »

12.
« La luxure, la colère et la cupidité sont les trois portes de l'enfer. »

13.
« Les sages unifient leur conscience et abandonnent l'attachement aux fruits de l'action. »

14.
« Laissé à lui-même, l'esprit continue à répéter les mêmes vieux schémas habituels de la personnalité. Cependant, en entraînant l'esprit, chacun peut apprendre à intervenir et à changer ses anciennes façons de penser ; c'est le principe central du yoga. »

15.
« Les immatures pensent que la connaissance et l'action sont différentes, mais les sages les considèrent comme identiques. »

16.

« Le plaisir des sens ressemble au premier abord à du nectar, mais à la fin, il est amer comme du poison. »

17.
« Souviens-toi toujours de moi, adore-moi, fais de chacun de tes actes une offrande pour moi, et tu viendras à moi ; je te le promets, car tu m'es cher. »

18.
« La mort n'est pas plus traumatisante que d'enlever un vieux manteau. »

19.
« Tout ce que nous sommes est le résultat de ce que nous avons pensé : il est fondé sur nos pensées, il est fait de nos pensées. »

20.
« Quand tout dans ce monde est temporaire, pourquoi pleurez-vous ce qui est perdu ? »

21.
« Ceux qui vivent dans la sagesse se voient en tous et tout en eux, ceux qui ont renoncé à tout désir égoïste et à toute envie sensuelle qui tourmente le cœur. »

22.
« Le Soi en chaque personne n'est pas différent de la Divinité. »

23.
« Là où il y en a Un, cet Un c'est moi ; là où il y en a plusieurs, tous sont moi ; partout ils voient mon visage. »

24.

« Les actions ne m'attachent pas, car je ne suis pas attaché à leurs résultats. Ceux qui comprennent cela et le pratiquent vivent dans la liberté. »

25.
« Renonciation à l'égoïsme en pensée, en parole et en action. »

26.
« Cela ne signifie pas pour autant que le monde phénoménal soit une illusion ou qu'il soit irréel. L'illusion est le sentiment de séparation. »

27.
« Comment peut-on vraiment aimer la personne avec qui on est quand on ne peut pas oublier celle qui s'est enfuie ? »

28.
« Son jugement sera meilleur et sa vision sera plus claire s'il n'est pas émotionnellement impliqué dans le résultat de ce qu'il fait. »

29.
« Les actions ne m'attachent pas, car je ne suis pas attaché à leurs résultats. Ceux qui comprennent cela et le pratiquent vivent dans la liberté. »

30.
« Lorsque votre esprit aura surmonté la confusion de la dualité, vous atteindrez l'état de sainte indifférence aux choses que vous entendez et aux choses que vous avez entendues. »

31.
« Vous êtes ce en quoi vous croyez. Vous devenez ce que vous croyez pouvoir devenir. »

32.
« Si mille soleils se levaient et se tenaient dans le ciel de midi, flamboyants, un tel éclat serait comme l'éclat féroce de ce puissant Soi. »

33.
« Cela nous demande de renoncer non pas à la jouissance de la vie, mais à l'attachement à la jouissance égoïste, quel que soit le prix que cela puisse coûter aux autres. »

34.
« Krishna introduit l'idée qu'il ne suffit pas de maîtriser tous les désirs égoïstes ; il est également nécessaire de maîtriser la possessivité et l'égocentrisme. »

35.
« Nous avons le contrôle de notre travail et de nos actions, mais nous n'avons aucun contrôle sur les résultats. »

36.
« Même le criminel sans cœur, s'il m'aime de tout son cœur, deviendra certainement un saint à mesure qu'il avance vers moi sur ce chemin. »

37.
« Ils disent que la vie est un accident causé par le désir sexuel, que l'univers n'a pas d'ordre moral, pas de vérité, pas de Dieu. »

38.
« L'image de Dieu se retrouve essentiellement et personnellement dans tout homme. »

39.

« Arrête, mon frère. Les grands hommes n'ont jamais prêté attention aux paroles dures prononcées par des hommes inférieurs. »

40.
« Ceux qui ne connaissent aucune autre langue que la leur sont généralement très exclusifs en matière de goût. »

41.
« Des gens meurent chaque jour, mais d'autres vivent comme s'ils étaient immortels. »

42.
« Même celui qui s'intéresse à la pratique de la méditation s'élève au-dessus de ceux qui accomplissent simplement des rituels. »

43.
« Ainsi, chaque acte ou pensée a des conséquences, qui auront elles-mêmes des conséquences ; la vie est le réseau d'interconnexions le plus complexe. »

44.
« L'homme sage laisse tomber tous les résultats, qu'ils soient bons ou mauvais, et se concentre uniquement sur l'action. »

45.
« Mon esprit est si agité et instable que je ne peux même pas comprendre quoi que ce soit à propos de cet état. »

46.
« La bravoure, la force, la persévérance, l'habileté dans le maniement des armes, la détermination à ne jamais reculer devant la bataille, la générosité dans la charité et les capacités de leadership, telles sont les qualités naturelles du travail des Kshatriyas. »

47.
« Vous avez le droit d'agir, mais jamais de percevoir les fruits de vos actions. Agissez pour l'action. »

48.
« La terre, l'eau, le feu, l'air, l'akasha, le mental, l'intellect et l'ego – ce sont les huit divisions de ma prakriti. »

49.
« L'homme est esclave de l'argent, mais l'argent n'est l'esclave de l'homme. »

50.
« Lorsque l'esprit court constamment après les sens errants, il éloigne la sagesse, comme le vent qui fait dévier un navire de sa route. »

Milton Keynes UK
Ingram Content Group UK Ltd.
UKHW020912291124
451807UK00013B/878